VEIT LINDAU

SeelenGevögelt

Manifest für das Leben

GOLDMANN
Lesen erleben

Buch

Dieses Buch ist kein bequemer Lesestoff. Es ist eine Liebeserklärung an das Leben, die provoziert, wachrüttelt, auf die Seele küsst. Manchmal erscheint es einfacher, sich nach dem Tod zu sehnen, als sich wirklich auf das Leben einzulassen. Nicht jeder, der geboren wurde, hat sich bereits für das Leben entschieden. Es ist die radikalste Wahl, die du treffen kannst und musst. Alles und jeder um dich herum wartet auf deine Antwort. Nichts ist zu gut, um wahr zu sein.

Autor

Veit Lindau. Trainer, Speaker, Businesspunk, Freigeist. Gilt als einer der führenden Experten für Selbstverwirklichung im deutschsprachigen Raum. Seine Bücher sind präzise, kompromisslose und gleichzeitig humorvolle Weckrufe. Durch seine ehrliche und sehr persönliche Ansprache ermutigt, inspiriert und fordert er die LeserInnen frech heraus und ermutigt sie zugleich, ihrem Weg zu vertrauen.

Mehr zu Veit …

Arbeit, Anliegen und Events: www.veitlindau.com

Sein Angebot, ein Jahr mit ihm zu wachsen und zu forschen: www.humantrust.com

Facebook: www.facebook.com/veitlindau

Die Website zum Buch: Leserberichte, Aktionen, Literaturhinweise: www.seelengevögelt.de

The One Experience: Schon zu lange nicht mehr den frischen Wind deines Lebens gespürt? Das Seminar zum Buch: www.one-experience.de

VEIT LINDAU

SEELENGEVÖGELT

MANIFEST FÜR DAS LEBEN

Überarbeitete Neuausgabe

GOLDMANN

MIX
Papier aus verantwortungsvollen Quellen
FSC® C014496
FSC
www.fsc.org

Verlagsgruppe Random House FSC® N001967
Das für dieses Buch verwendete FSC®-zertifizierte Papier
Pamo House liefert Arctic Paper Mochenwangen GmbH.

5. Auflage
Überarbeitete Neuausgabe Dezember 2013

Umschlaggestaltung: UNO Werbeagentur, München
Umschlagmotiv: nach der Originalausgabe
SSt · Herstellung: cb
Lektorat: Anne Nordmann, Berlin
Satz: Fotosatz Amann, Memmingen
Druck: GGP Media GmbH, Pößneck
Printed in Germany
ISBN 978-3-442-22056-4

www.goldmann-verlag.de

Du stirbst.

Beginne zu leben.

Prolog

Manchmal scheint es einfacher,
sich nach dem Tod zu sehnen,
als sich wirklich auf das Leben einzulassen.

Nicht jeder, der geboren wurde,
hat sich bereits für das Leben entschieden.

Es ist die radikalste Wahl,
die du treffen kannst.

Alles und jeder um dich herum
wartet auf deine Entscheidung.

Wo bist du?

Ich laufe durch die Straßen deiner Stadt.

Ich streife durch deine Träume.

Ich beobachte dich durch die Augen jedes deiner Mitmenschen.

In jedem Buch, das du liest, hinterlasse ich dir verborgene Zeichen meiner Sehnsucht.

Die Schneeflocken im Winter, zart schmelzend auf deinen Wimpern – einer meiner Versuche, dich wach zu küssen. Mit dem ersten, warmen Frühlingswind streichle ich sanft über deine Haut. Mit jedem deiner Atemzüge liebkose ich dich von innen.

In jeder Sekunde deines Seins stehe ich rufend, drängend, bebend vor dem Haus deiner Seele. Ich klopfe auf tausend verschiedene Weisen an deine Tür. Laut wie der Schrei eines wütenden Kindes und still wie die Ewigkeit des Alls. Wild und fordernd zerre ich an dir, um dich im nächsten Augenblick behutsam zu umarmen.

Ich habe keine Wahl. Ich werde nichts unversucht lassen. Bis du mir öffnest – weit und bedingungslos. Bis du mir alles schenkst, was du hast und was du bist.

Wo bist du?

Ich brauche dich.

Dein Leben

Über dieses Buch

Ich habe in den letzten zwanzig Jahren mit Tausenden von Menschen sehr nah und ehrlich arbeiten dürfen. Die für mich erstaunlichste Erkenntnis daraus ist:

Jeder einzelne von ihnen wusste (eigentlich) immer, was für ihn wichtig und richtig ist.

Was uns manchmal fehlt, ist der Mut, die von anderen vorgekauten Ideen abzulegen und den wesentlichen Fragen bis auf unseren ureigenen Boden der Klarheit zu folgen.

Die Wahrheit deines Lebens findest du nur in dir.

Ich möchte meine persönliche Perspektive mit dir teilen, um deine Sicht auf das Leben in Schwingung zu bringen. Ich bin kein hypergenauer Theoretiker. Meine Worte beschreiben die Erfahrung eines einfachen Menschen. Manches habe ich bewusst sanft, anderes absichtlich provokant formuliert.

Manches magst du gut finden, anderes zum Kotzen. Bleibe, wenn du willst, weder in der Zustimmung noch in der Ablehnung stehen, sondern geh weiter. Erlaube den Fragen, in dir nachzuklingen. Es würde mich freuen, wenn du mit Menschen, die dir nahestehen, über deine Gedanken und Empfindungen dazu sprichst.

Öffne dich diesem Buch wie einem intensiven Gespräch mit deinem besten Freund. Dann lege es aus der Hand, vergiss mich und meine Worte, geh hinaus und entfalte deinen eigenen Mythos.

Lies dieses Buch, wie es dir gefällt. In einem Zug, von hinten nach vorne, hier und da, immer wieder. Ich bin sicher, dass du zum richtigen Zeitpunkt die für dich passende Seite aufschlagen wirst.

Und bitte wundere dich nicht. Ich habe die ersten zwei Teile des Buches, den *Aufruf* und das *Manifest*, in der Wir-Form geschrieben, aus der Sicht der *Rebellen des Geistes*. Auf diese Weise möchte ich dich dafür sensibilisieren, dass du mit deinen existentiellen Fragen nicht alleine bist. Da draußen gibt es viele mutige, wache Menschen, die sich genau wie du tagtäglich neu für die Wahrheit und gegen den Schlaf, für die Liebe und gegen die Angst entscheiden, undercover und zum Teil auch ganz öffentlich.

Außerdem möchte ich mit den *Rebellen des Geistes* all die Wesen ehren und ihr Vermächtnis weitergeben, die mich bis hierher entzündet, inspiriert und herausgefordert haben. Ich verzichte bewusst darauf, diese menschlichen Engel meines Pfades namentlich aufzuzählen. Damit würde ich den unzähligen, spontanen, alltäglichen Begegnungen nicht gerecht, die meine Seele durch eine Frage, eine Geste, einen Blick immer heller wach küssen.

Rebellen des Geistes ist mein Synonym
für die Fackelträger menschlichen Bewusstseins.

Ich hoffe,
dass du dich aus tiefstem Wesen angesprochen fühlst.

Aufruf

Dies ist unsere hemmungslose Liebeserklärung

an das Gute, das Wahre und das Schöne im Menschen.

In einer Welt wie dieser ist es einfacher, skeptisch oder sogar zynisch zu werden,

statt das Herz offen zu halten – selbst, wenn es bricht.

Verwechsle uns nicht mit naiven Optimisten.

Unsere Zuversicht beruht nicht auf ängstlicher Hoffnung oder blindem Glauben.

Unser Vertrauen ist eine Wahl.
Es ist die kühnste und intelligenteste Wahl,
zu der wir fähig sind.

Unser Aufruf ist eine Liebeserklärung an das Leben
und ein Weckruf für den Rebellen,
der in jedem Menschen schlummert.

Es ist unser Beitrag zur Entfesselung deiner Kraft.

Nichts ist zu gut, um wahr zu sein.

Du willst wissen, wer wir sind?

Lass dich von unseren Worten
in dein wildes, stilles Herz begleiten.

Hier findest du uns.

Die Rebellen des Geistes

Der Rebell in dir

Steuerbeamtin, Verkäufer, Millionär, Lehrer, Hausfrau, Rentner, Arbeitslose, Schülerin …

Egal, was du tust. Egal, wie alt du bist. Egal, wie lange du geschlafen hast.

Der Rebell des Geistes lebt auch in dir. Er ist der Gesandte deines wahren Wesens. Er ist der Bote der Unendlichkeit. Der unauslöschliche Funken eines Feuers, das alles hinweg brennt, was zwischen dir und deiner wahren Größe steht. Er ist jene zeitlose Stimme in dir, die schon immer wusste, dass dein Leben ein Traum ist. Er ist der stille Schrei einer mächtigen Sehnsucht – der Sehnsucht, vollkommen lebendig zu sein.

Der Rebell in dir empfindet eine unbändige Freude an nie zuvor gedachten Gedanken und niemals betretenen Territorien. Er ist dein bester Freund, dein hartnäckiger Mahner, dein treuer Wächter. Du hasst ihn manchmal, weil er wieder und wieder alles zerstört, woran du dich klammerst. Doch nur indem er dir deine liebgewordenen Krücken nimmt, kannst du erkennen, wie groß du wirklich bist.

Dieses Buch ist für den Rebellen in dir geschrieben – für jene Kraft, die sich niemals mit weniger als einem Leben in Freiheit zufriedengeben wird. Wir sind froh, dass wir dich gefunden haben.

Wach auf.

»Es ist weit besser, große Dinge zu wagen,
ruhmreiche Triumphe zu erringen,
auch wenn es manchmal bedeutet,
Niederlagen einzustecken,
als sich zu den Krämerseelen zu gesellen,
die weder große Freude noch großen Schmerz empfinden,
weil sie im grauen Zwielicht leben,
das weder Sieg noch Niederlage kennt.«
Theodore Roosevelt

Die Verschwörung

Bist du bereit zu erwachen?

Hier ist zuerst die bittere Pille …

Hast du schon mal ein sogenanntes Verschwörungsbuch gelesen? Über Illuminatis, böse Bankmanager oder Außerirdische, die die Weltherrschaft an sich reißen wollen?

So schräg bis paranoid solche Phantastereien klingen – sie sind nichts gegen das wirklich existierende Komplott, das wir aufdecken möchten.

In unserer Gesellschaft existiert nämlich tatsächlich eine gigantische Verschwörung – auch wenn sie ganz ohne grüne Männchen auskommt –, und es ist allerhöchste Zeit, sie aufzudecken. Das wird nicht leicht sein, denn perfide, wie sie ist, hat sie sich ein freundlich-wohlwollendes Gesicht zugelegt.

Ohne es zu merken, unterstützen, finanzieren und reproduzieren die meisten Menschen diese Verschwörung noch. In ihrer netten Verpackung infiltriert sie unsere Kleinfamilien, Stammtische, Schulen und die Politik. Sie hat Einfluss auf alle Bereiche unseres Lebens: wie wir denken, wie wir kommunizieren, wie wir handeln und wie wir uns fühlen. Sie ist so omnipräsent, dass sie den meisten als normal erscheint und sogar noch verbittert verteidigt wird.

Ist ein Verhaltensmuster erst einmal als kollektive Norm akzeptiert, wird es nicht mehr hinterfragt. Es verwächst so sehr mit dem Hintergrund der Kultur, dass es nicht mehr auffällt.

Diese Verschwörung geht uns alle an. Wir müssen sie auffliegen lassen! Wir müssen friedvoll rebellieren! Ahnst du, worum es geht?

Wir prangern die Verschwörung des Mittelmaßes an.

Lies die nächsten Worte bitte sorgfältig: Mittelmaß ist nicht zu verwechseln mit natürlicher Bescheidenheit oder dem gesunden Mittelweg. Mittelmaß ist die antrainierte Beschränkung des menschlichen Geistes, nur noch innerhalb der vorgegebenen Norm zu denken.

Mittelmaß ist das mächtigste, weil unsichtbare Gefängnis – errichtet aus tausendmal gedachten kleinkarierten, ängstlichen, begrenzenden Gedanken.

Seine Mauern bestehen aus geistiger Furcht, sie hindern dich daran, die ungezählten Möglichkeiten deines Daseins auszuloten. Seine Wächter – alte, zähe Überzeugungen darüber, wie die Dinge zu sein haben – gebieten dir, dich mit dem Bekannten zu begnügen. Selbst wenn das unruhige Herz deiner Weltenseele im Mief dieser falschen Begrenzungen fast erstickt.

Ein von Mittelmaß infizierter Geist versagt dir, kreativ, frei, frech, groß, ungewöhnlich, schräg zu denken, dich selbst zu überraschen.

Ein von Mittelmaß befallener Geist funktioniert wie der Pansen einer Kuh: Er schluckt die vorverdauten Gedanken der Gesellschaft, der Eltern, Lehrer oder Gurus, kaut sie wieder, stößt sie auf und gibt sie an die nächste Generation weiter.

Lass dich nicht von der Verpackung der Gedanken täuschen. Vielleicht haben die Großeltern sie katholisch eingetütet, die Eltern kapitalistisch und das Kind nun esoterisch oder kulturell-kreativ. Die Aufmachung sieht anders aus – aber ist der Inhalt wirklich frisch?

Wenn dein Geist mittelmäßig tickt, überredet er dich, das Abenteuer zu vermeiden und stattdessen auf Nummer sicher zu gehen. Du täuschst nur vor, am Leben teilzunehmen. In Wirklichkeit verharrst du in einer beschränkten, warmgepupsten Komfort-Zone. Du dümpelst träge vor dich hin, denn es existiert keine geistige Frischluftzufuhr. Die Grenzen deiner Höhle stecken ab, wer du bist, was du kannst und was für dich erreichbar ist. Die unendliche Fülle der Möglichkeiten, die von draußen an dein geistiges Ghetto klopfen, übersiehst du, bekämpfst du oder ziehst sie ins Lächerliche.

Anhänger des Mittelmaßes vermeiden es, sich präzise, erregende Ziele zu setzen, und haben deshalb immer nur eine vage Ahnung von ihrer Gegenwart und Zukunft.

Mittelmaß-Verschwörer sind zwanghaft mit dem Leben anderer Menschen beschäftigt, denn ihr eigenes Leben ist öde und fad. Sie finanzieren die Klatschpresse. Sie sind süchtig danach, andere Menschen zu beurteilen. Denn wenn du auf deiner eigenen Baustelle unglücklich bist, lenkst du dich lieber mit dem Leben anderer ab. Du projizierst deine ungelebten Anteile auf sie, um nicht an ihnen zu ersticken.

Sie suchen nach jemandem, der ihnen sagt, wo es langgeht. Den können sie dann bewundern, und wenn es schiefgeht, verdammen.

Ihr Leben läuft in Wiederholungsschleifen. Jeder Ausbruch aus der Routine wäre ein unnötiges Risiko. Deshalb schließen sie auch nur schwer etwas ab und schieben Vorhaben gern vor sich her. Unvollendete Kreisläufe sind ein unbewusster Trick, um die eigene Weiterentwicklung zu verhindern.

Vom Mittelmaß Infizierte benutzen Beziehungen, um sich zu verstecken. Sie halten sich gegenseitig klein und spielen »der Blinde führt den Lahmen im Kreis herum«. Sie unterstützen die Süchte ihrer Mitmenschen – bewusst oder unbewusst –, denn das sichert ihnen Kontrolle und allgemeinen Stillstand.

Sie haben schreckliche Angst vor Veränderungen. Sie schwimmen nicht in der Mitte des Flusses, sondern hangeln sich am Ufer entlang. Jede Krise ist eine Bedrohung.

Sie benutzen Worte wie *Altersvorsorge, Nullwachstum, konjunkturbedingte Erholung*, um sich einzureden, dass sie in einer heilen, unerschütterlichen Welt leben. Sie sprechen von *Bescheidenheit* und *Vernunft*, um ihre Feigheit, wirklich zuzugreifen, zu verschleiern.

Sie haben Angst vor Fehlern, vor Sichtbarkeit, vor Ablehnung, vor Anstrengung und vor Enttäuschung.

Sie verzichten lieber auf Ekstase, wenn es ihnen hilft, intensiven Schmerz zu vermeiden.

Sie leiden unter niedrigem Selbstbewusstsein, denn sie wissen nicht, wer sie sind. Im Sturm einer wirklichen Herausforderung sind sie nie gesegelt. So konnten sie sich selbst nie beweisen, dass sie Eier in der Hose haben.[1]

---

[1] Das ist übrigens keine typische Macho-Bemerkung. Frauen haben über weite Strecken ihres Lebens wesentlich mehr Eier in der Hose als Männer.

Sie fürchten Chaos und hassen Paradoxa. Chaos lässt sie spüren, dass sie nie wirklich die Kontrolle hatten. Jedes Paradoxon des Lebens erinnert sie daran, dass ihr Kopf keinen Eintritt in das Mysterium hat. Wie sehr sie sich auch anstrengen, das Universum lässt sich in kleine Schachteln packen und einfrieren.

Obwohl sie sich selbst nie getraut haben, nach Exzellenz zu streben, urteilen sie über jene, die es wenigstens versuchen. Bunte Vögel, selbstbewusstes Auftreten, kühne Visionen, lautes Lachen, großkotzige Amerikaner, chaotische Italiener, Lust und Sex, wilde und mutige Handlungen ... all das drückt ihre Knöpfe und zerrt an ihrem eingebildeten Frieden.

Ihr Neid zerfrisst sie, doch sie verstecken ihn hinter »kompetenten Urteilen« und »guten Ratschlägen«. Insgeheim empfinden sie Schadenfreude, wenn jemand anderes zum Flug ansetzt und abstürzt.

Besonders verheerend wird es, wenn sich Mittelmaß mit religiösen oder esoterischen Dogmen verbindet. Denn nun wird Gott[2] oder ein anderes »spirituelles Konzept« missbraucht, um die eigene Angst vor dem Leben zu rechtfertigen.

Da Mittelmaß-Anhänger nie wirklich versucht haben herauszufinden, wer sie sind, fürchten sie sich vor sich selbst und letztendlich vor allem, was unbekannt ist.

Der traurige Witz ihrer Existenz besteht darin, sicher durch etwas durchzukommen, was niemals sicher war und nie sein wird. Da sie viel unvollendetes Leben in sich tragen, fürchten

---

[2] Damit sagen wir nicht, dass das, worüber Religionen seit Tausenden von Jahren schreiben, nicht existiert. Wir glauben lediglich, dass die, die direkte Erfahrungen gemacht haben, nicht mehr so viel darüber reden, sondern einfach sind.

sie sich vor dem Tod. Denn spätestens dann werden sie ihre kleine, selbst zurechtgebastelte Insel der Sicherheit verlassen müssen.

Klingt das alles deprimierend für dich? Oder bist du bereits mächtig sauer auf uns?

Vielleicht fragst du dich, warum du es dir antust, das zu lesen. Doch sehr wahrscheinlich betrifft es auch dich.

Wer von uns kultiviert nicht irgendwo in seinem Leben noch eine Enklave des Kleingeistes?

Es liegt nicht in unserem Interesse, dich zu beleidigen oder zu verhöhnen. Wir legen nur den Finger in die Wunde, die dich manchmal nachts nicht schlafen lässt. Wir geben der Stimme Raum, die dir ins Ohr flüstert: »War das alles? Soll es das wirklich schon gewesen sein?«

Ja, es kann schmerzen, sich selbst, auch nur teilweise, in dieser Beschreibung wiederzuerkennen. Es kann zornig oder traurig machen. Es könnte dich in Versuchung führen, dich wieder einmal mehr mit anderen zu beschäftigen als mit dir selbst. Mit denen, die es geschrieben haben, oder mit deinen Mitmenschen, in denen du so viel mehr Mittelmaß siehst als in dir.

Konzentriere dich auf dich.
Verweile in deiner persönlichen Betroffenheit.

Das Leben hat dir *einen* Garten anvertraut, und das ist dein Geist. Du bist der Gärtner. Hier in diesem Geist säst du den Samen, hütest die Pflanzen und erntest tagtäglich die Früchte.

Kleinkarierte Gedanken produzieren keine saftigen Kirschen, sondern lediglich harte, frustrierend fad schmeckende Bohnen.

Ideen wuchern wie Unkraut, wenn sie auf fruchtbaren Boden fallen. Durchschaue, wie eine einzelne, unscheinbare, beschränkende Überzeugung über dich oder das Leben, die du vor langer Zeit achtlos in deinem Garten ausgesetzt hast, mit der Zeit Wurzeln schlägt. Wie sie, bewässert durch Wiederholung, das Erdreich deines Alltags durchdringt, ihre Zweige in alle Bereiche deines Lebens ausstreckt und irgendwann überall ihre bitteren Früchte hinterlässt.

Wir haben den Zusammenhang zwischen unserem Denken und den Umständen unseres Lebens aus den Augen verloren. Wir haben vergessen, wer der Gärtner ist. Wir schauen auf eine Welt, die uns nicht gefällt, und bekämpfen sie. Doch solange der, der die Welt erdachte, unbemerkt, Tag für Tag, Kleingeist sät, wird sich nichts ändern.

Es ist also gut, bis hin zur Übelkeit betroffen zu sein.

Klein und ängstlich zu denken, ist keine Lappalie – es ist der tragische Ursprung einer kleinen und ängstlichen Welt. Solange wir diesen Zusammenhang nicht erkennen, vergeuden wir unser schöpferisches Potenzial in einem kläglichen Experiment.

Viele Menschen sterben lange vor ihrem letzten Atemzug.

Wenn wir aufhören, himmelstürmend zu denken,

wenn wir die geistigen Umlaufbahnen der Gegenwart als das Nonplusultra unserer Möglichkeiten akzeptieren, wenn wir nicht mehr bereit sind, die Mauern unserer eigenen Ideen ins Wanken zu bringen,

… erlischt der Funke der Unendlichkeit in uns.

Um alte Gewohnheiten mitsamt ihren Wurzeln auszureißen, braucht es den Protest deines inneren Rebellen:

Nein! Ich bin nicht bereit, die vorgegebenen Grenzen zwischen »möglich« und »unmöglich« zu akzeptieren!

Nein! Ich bin nicht bereit, aus Angst vor Enttäuschung und Fehlern nicht mehr nach den Sternen zu greifen!

Nein! Ich bin nicht bereit, auf mein Recht zu verzichten, meinen Geist sich in die Unendlichkeit ausdehnen zu lassen!

Nein! Ich bin nicht bereit, das Schöne, das Wahre, das Gute und das Mögliche für Zynismus, Resignation und Behäbigkeit zu verraten!

Nein! Ich bin nicht bereit, meine Fähigkeit, eine bessere Gegenwart zu erträumen, einschlafen zu lassen.

Nein! Ich bin nicht bereit, auch nur auf eine meiner großartigen, verrückenden, frechen, albernen, entzückten, erregenden, lachenden, alle Grenzen sprengenden Ideen zu verzichten.

Ich war versklavt. Ich war mein eigener Gefängniswärter.
Ich selbst erschuf die Dunkelheit meiner Furcht.

Jetzt erwache ich und rebelliere.

Wo und wie schläfst du noch?

Was würde sich ändern,
wenn du dir gestattetest zu erwachen?

Die Rebellion

Es gibt seit Anbeginn aller Zeiten eine Untergrundbewegung: Die Rebellion des Geistes.

Sie besteht aus Menschen, die das Wesen der endlichen Welt durchschauen. Sie wissen um die Macht des Traumes. Sie wissen um die Möglichkeit des erwachten Geistes. Daher rebellieren sie. Sie sehen in jedem einzelnen Tag die Chance für ein weiteres Abenteuer, eine weitere Grenzüberschreitung.

Manche von uns tun dies still, im Verborgenen. Von anderen spricht man noch Jahrhunderte später als Visionären, Verrückten und Propheten. Unser Wirken lässt sich nicht an äußerer Größe oder Lautstärke messen.

Dieses Manifest ist unsere Liebe an das Leben. Es ist ein aktiver Akt unserer Hingabe an das Mysterium. Und es ist einer von vielen Weckrufen für alle Rebellen des Geistes da draußen.

Wenn du dich angesprochen fühlst:
Wir lieben und achten dich.

Wir freuen uns, dass wir dir endlich begegnet sind.

Vertraue dem Ruf in dir.

Steh für dich auf.

Ergreife die kostbare Chance deines Lebens!

Es ist erregend, es auszusprechen. Probiere es aus:
»Ich will alles vom Leben.«

Und dann schließe an:
»Und ich bin bereit, alles zu geben.«

Manifest für das Leben
Die Ethik der Rebellen

Dies ist unser Manifest.

Wozu, Mensch, bist du am Leben,
wenn nicht, um alles zu wollen und alles zu geben?

Wir wissen, wie es ist einzuschlafen.

Wir wissen, wie es sich anfühlt,
sich selbst zu verraten und seine Mission zu vergessen.

Dies ist unser Manifest.

Es ist unsere Richtschnur.

Unser Leuchtfeuer.

Unser friedvoller Schlachtruf.

Unsere unverschämte Wunschliste.

Unsere stille Kapitulation.

Unser Projektplan für die Ewigkeit
und unsere Bestandsaufnahme für diesen Augenblick.

Unsere Liebeserklärung an das Mysterium.

Wir wollen alles und sind bereit, alles zu geben.

Dies ist unser Manifest für das Leben.

Jetzt.

Unser Spiel läuft immer jetzt. Jetzt ist unsere Chance. Jetzt streben wir nach dem Höchsten. Jetzt wollen wir alles. Jetzt geben wir alles. Es ist simple Logik: Jetzt ist alles, was wir haben. Also setzen wir alles auf JETZT!

Vertrauen.

WE TRUST LIFE. Wir vertrauen der Intelligenz des Lebens. Im absoluten Sinne gibt es keine Fehler. Leben hat immer Recht. Wir nehmen das Leben voll und lassen uns vom Leben vögeln. So kommen wir der gesamten Existenz näher als nah. Diese Intimität ist die Quelle unseres Vertrauens.

Kritisch-konstruktives Denken.

Im Herzen zu sein und einen kühlen Kopf zu wahren, schließt sich nicht aus. Wir verurteilen den Verstand nicht. Er ist ein mächtiges Werkzeug, uns anvertraut vom Leben. Ihn nicht zu entwickeln, ist kindisch. Ihm voll zu vertrauen gefährlich. Wir trainieren konstruktiv-kritisches Denken und loten das Potenzial unseres Bewusstseins immer tiefer aus.

Think Big.

Großkotziges Denken ist für Narzissten. Großzügig und frei zu denken ist für Rebellen. Die Mathematik der Schöpfung besagt: Es dauert genauso lange, einen kleinen, ängstlichen, langweiligen Gedanken zu denken, wie eine befreiende, große, alles verrückende Idee. Unsere Wahl ist klar. Wir verschwenden unsere Zeit nicht. Wir denken gern groß, frech und kühn.

Demut.

Die Basis unseres Daseins ist die Achtung vor allem Leben. Wir staunen in Demut über die Schönheit und Unbegreiflichkeit der Schöpfung. Demut ist die sanfte, befreiende Kapitulation eines Geistes, der erkennt, dass alles, was er weiß, sich letztlich wie ein Salzkorn im Meer der Großen Wahrheit auflösen wird.

Anfängergeist.

Genießerisch überlassen wir unsere eigenen Konzepte wieder und wieder dem Schmiedehammer der Wirklichkeit. Wir treten voller Neugier an den Rand des Bekannten und darüber hinaus. Wir empfinden Lust und Freude, wenn unser Geist von einem neuen Wort, einer überraschenden Frage, einer ungewöhnlichen Überlegung oder einem unerwarteten Ereignis befruchtet wird.

Mission.

Wir begreifen unser eigenes Leben als einen ewigen Lernprozess und ein Wunder. Unser Ziel ist es, die Möglichkeiten unseres Lebens so weit wie möglich auszuloten. Dieses Leben ist unsere Chance. Wir sind bereit, klarer und tiefer zu erkennen, wer wir sind. Unser stilles Gebet lautet: Möge mein nächster Schritt dem Wohle aller Wesen dienen.

Sehnsucht.

Wir achten die tieferen Wünsche unseres Herzens als einen Ruf der Evolution. Sie locken uns aus der Höhle des Etablierten in die Weite neuer Abenteuer. Unsere unbändige Sehnsucht nach einem erfüllten, wachen, ekstatischen Leben ist heilig. Egal, wie verworren oder hoffnungslos sich unser Alltag gerade präsentiert oder wie gesättigt wir uns fühlen – wir hüten das Feuer unserer Sehnsucht.

Sichtbarkeit.

Wir begreifen Sichtbarkeit als eine großartige Chance, Spaß zu haben und zu wachsen. Wir stehen gern im Rampenlicht des Spielfelds, denn hier tobt der Bär. Die Intensität des Spieles, das Feedback der anderen Spieler, unsere Siege und Niederlagen – das alles erzeugt eine Hitze, in der wir lebendig und schnell lernen. Ablehnung, Neid, Kritik, Meckern, Schadenfreude sind die üblichen Rufe von den Zuschauerrängen. Manchmal dringen sie zu uns durch, und ab und zu tun sie auch weh. Doch meistens ist das Spiel selbst viel zu spannend.

Gegenwart & Zukunft.

Rebellen des Geistes wissen, dass es möglich ist, ihr Handeln nach einer Zukunftsvision auszurichten und gleichzeitig voll in der Gegenwart zu leben. Wir haben die geilsten, erregendsten, kühnsten Ziele, und wir zelebrieren jeden einzelnen, kleinen Baby-Schritt auf dem Weg dorthin.

Beziehungen.

Wir schenken unseren Beziehungen die größte im Augenblick verfügbare Version unseres Selbst und … etwas mehr. Beziehungen sind der Altar, auf dem wir wieder und wieder unser kleines, begrenztes Ich opfern, um in das hineinzuwachsen, was wir wirklich sind. Sie sind die Geburtsstätten eines liebenden Menschen und gleichzeitig Felder, in denen Licht und Dunkelheit zur Ruhe kommen können. Wir sprechen nicht oft über die Liebe, denn wir wollen dieses Mysterium nicht zerquatschen, sondern erfüllen. Wir sind in der Lage, unser existentielles Alleinsein anzunehmen und auch im Feuer der Nähe zu stehen. Wir nehmen uns das Recht heraus, uns mit dem zu verbinden, was uns stärkt.

Arbeit.

Wir arbeiten immer. Denn Arbeit ist unser Weg der Selbstverwirklichung. Arbeit ist unser Ausdruck, der Welt konkret zu zeigen, woran wir glauben. Rente ist ein Konzept, das ein Rebell des Geistes einfach nicht versteht. Wie kann man sein Wirken in ein Leben vor und nach Rentenbeginn einteilen? Wir begreifen uns bis zu unserem Tod als Vollzeitangestellte des Lebens. Wir sind hier, um das zu tun, was wir wirklich lieben. Denn nur darin werden wir richtig gut sein. Wenn wir doch etwas tun müssen, das wir nicht mögen – zum Beispiel die Kacke unseres Kindes wegwischen, unsere Steuererklärung machen oder physisch altern –, dann wählen wir, auch dies zu lieben.

Integrität.

Rebellen des Geistes heben gern ab und achten gerade deshalb darauf, dass es in ihrem Leben immer eine klare, stabile Landebahn gibt. Diese Landebahn heißt Integrität. Integrität basiert auf wohldurchdachten ethischen Grundsätzen und der Bereitschaft, diese auch bei Bedrohung aufrechtzuerhalten. Wir sind ehrlich. Wir stehen zu unseren Werten – mit unseren Worten und unseren Taten. Wir beugen uns nicht den Stimmen der anderen. *We walk our talk.* Wir messen uns an den konkreten Ergebnissen unseres Lebens und nicht nur an Ideen. Wir übernehmen unsentimental die Verantwortung, wenn wir Mist gebaut haben.

Gelassenheit.

Wir glauben nicht, dass wir uns in Ordnung bringen müssten, sondern akzeptieren uns so, wie wir sind. Gleichzeitig genießen wir es, uns weiterzuentwickeln. Ein Meister kontrolliert seine Umwelt und lässt sich von ihr kontrollieren. Ha! Wir lösen die Spannung solch scheinbarer Gegensätze mit Humor auf und reifen in die gelebte Synthese hinein.

Selbstverantwortung.

Die schlimmste Krankheit, die den Menschen befallen kann, ist die Opferhaltung. Wer seinem Geist zu glauben erlaubt, dass er ein Opfer äußerer Umstände ist, verliert den Kontakt zu seiner unantastbaren Essenz. Außerdem verrät er seine schöpferische Macht. Deshalb: Fuck the Opferitis-Humana!

Vergebung.

Um mit möglichst leichtem Gepäck von der Geburt bis zum Tod reisen zu können, kultivieren wir einen Lebensstil der Vergebung. Menschen sind nicht perfekt. Lebendige Menschen begehen Fehler, und zwar am laufenden Band. Das ist nicht schlimm. Das ist natürlich. Fehler sind die Hefe unserer Evolution. Wir vergeben uns und dem anderen so schnell wie möglich, indem wir erkennen, dass es nichts zu vergeben gibt. Dann lassen wir die Vergangenheit los und gehen weiter.

Es ist nie zu spät.

Was, wenn wir es wieder einmal verpeilt haben? Wenn der Sumpf des Mittelmaßes uns wieder einmal geschluckt hat? Was, wenn wir wieder einmal voll danebenlagen? Na und! Ein Rebell des Geistes verschwendet keine Zeit mit Schuld und Scham. Er steht auf, schüttelt den Kopf, reißt einen guten Witz über sich selbst und korrigiert. Denn er weiß, dass er in jedem Augenblick neu wählen kann und neu wählen muss. Der beste Zeitpunkt, um eine Wahl zu treffen und neu anzufangen, ist immer JETZT.

Exzellenz.

Wir lieben es, in dem, was uns wichtig ist, zu Meisterschaft und Exzellenz zu gelangen. Obwohl wir wissen, dass es unmöglich ist, den Zustand der Perfektion zu erreichen, versuchen wir es. Unser Wunsch konzentriert alle unsere Kräfte auf einen Punkt. Exzellenz sammelt und formt uns. Sie siebt das Unreine aus und schmiedet uns. Egal, wie wir uns fühlen, wir erscheinen jeden Tag auf der Übungsmatte. Und wenn wir einmal Lust haben, auf der Couch zu sitzen, Chips zu futtern und uns die Birne mit einem schlechten Film berieseln zu lassen? Dann machen wir eben das – hingebungsvoll und exzellent.

Humor.

Wir schätzen Humor. Humor ist die beste Art, die scheinbaren Widersprüche des Lebens zu verstehen und sogar zu genießen. Wir sehen keinen Sinn in verbissener Ernsthaftigkeit. Stattdessen kultivieren wir Lebendigkeit und Freude. Wir sind einfach, spontan und natürlich. Wir haben kein Problem damit, uns lächerlich zu machen, denn wir spüren die abstruse Bedeutungslosigkeit aller menschlichen Bestrebungen und die gleichzeitige Unantastbarkeit unserer Würde. Wir sind nichtiger Sternenstaub und großartiges Wunder zugleich. Wir sind absolut unwichtig und essentiell wichtig für alle.

Schönheit.

Wir lieben und feiern unsere eigene Existenz, indem wir unsere Gaben und Fähigkeiten gern mit anderen teilen. Durch uns kommen mehr Schönheit, Freude und Liebe in diese Welt. Wir übernehmen Verantwortung dafür, dass wir uns gut fühlen. Wir strahlen Freude und Wohlwollen aus. Andere Menschen fühlen sich in unserer Anwesenheit wohl. Natürlich sind wir manchmal auch down oder rennen mürrisch durch die Gegend. Doch ein Stinkstiefel, der sich selbstironisch lieb hat, ist schon wieder charmant. Wir betrachten lässige Selbstliebe als aktiven Umweltschutz.

Empowerment.

Das Leid unserer Mitmenschen geht uns etwas an. Sie sind wir. Wir unterstützen andere darin, sich Handlungen aktiv zu widersetzen, die sie selbst oder andere bedrohen oder verletzen. Wir unterstützen jedes Wesen, Kraft und Weisheit in sich selbst zu finden. Jedes System birgt in sich die Lösung für sein Problem. Es ist wesentlich effektiver, dem System zu helfen, die Lösung selbst zu finden, anstatt ihm das aktuelle Problem kurzfristig abzunehmen.

Katalysatoren.

Wir begreifen uns als Katalysatoren des Lebens, die durch ihre Lebendigkeit auch in anderen einen Umwandlungsprozess in Gang setzen. Wir verzichten auf Predigten, denn wir kennen einen machtvolleren Weg, um zu inspirieren: durch unser Sein und unsere Taten. Wir wollen die Welt verbessern. Deshalb tun wir der Welt einen Gefallen und kümmern uns um uns.

Versprechen.

Wir sind hier, um das Versprechen einzulösen, das wir dem Leben vor langer Zeit gegeben haben. Es ist ein Versprechen jenseits aller Worte. Das Leuchten unserer Augen und die stille Freude unseres Herzens verraten, ob wir es vollbracht haben. Auch wenn dieses Versprechen heilig ist, verzichten wir auf künstliche Ehrfurcht und gehen es lässig und cool an.

Sex.

Oh, ja! Wir spüren, genießen und feiern den Eros des Lebens – in unseren Lenden, unserem Herz und unserem Geist. Wir vögeln leidenschaftlich gern auf allen Ebenen. Genauso be-GEISTert lassen wir uns vom Leben vögeln. Sex ist weit mehr als die physische Vereinigung zweier Körper, auch wenn dies eine wundervolle Art ist, Freude miteinander zu teilen. Sex ist Leben. Sex ist Schöpfung. Sex ist Hingabe und ein Tor zur Einheit aller Erscheinungen. Unsere ureigene Sexualität anzunehmen und zu leben ist essentielle Basis für unseren Selbstwert.

Das Dunkle, das Schmerzhafte und das Hässliche.

Wir missbrauchen wohlklingende Konzepte nicht, um der Dunkelheit des Lebens aus dem Weg zu gehen. Wir wissen, dass das Dunkle vor allem eins ist: ein begrenztes Urteil im Geist des Betrachters. Ausgrenzung und Verleugnung kreieren nur noch mehr Kampf. Wir sind bereit, unsere Urteile immer wieder los – und Geist und Herz vom Leben weiten zu lassen. Das sogenannte Dunkle ruft nach dem Licht unseres tieferen Verstehens. Das Schmerzhafte sehnt sich nach Mitgefühl. Das Hässliche ist verborgene Schönheit, die darauf wartet, von uns erkannt zu werden.

Abenteuer.

Wir verpflichten uns, die Existenz und unsere Mitmenschen nicht zu langweilen. Wozu sind wir hier, wenn nicht, um immer wieder eine bessere, lustvollere, weisere, schönere, lässigere, wachere, gütigere, wildere und natürlichere Version unseres Selbst auf die Welt zu bringen? Wenn wir uns dabei ertappen, zu jammern und uns selbst leid zu tun, erinnern wir uns an das 11. Gebot: Du sollst Gott nicht langweilen![3]

[3] Das Gebot stammt von Rob Brezsny aus seinem Buch: *Pronoia Is the Antidote for Paranoia, Revised and Expanded: How the Whole World Is Conspiring to Shower You with Blessings,* North Atlantic Books 2009.

Nichtwissen & Staunen.

Wir achten die Fähigkeiten unseres Geistes. Wir fordern ihn immer wieder zu Höhenflügen heraus. Gleichzeitig ist uns bewusst, dass unsere Köpfe keinen Zutritt zum wahren Mysterium haben. Deshalb kultivieren wir Stille und Staunen. Der Frieden unserer Herzen beruht nicht auf den Siegen, die wir in der Welt der Dinge erringen. Der Frieden unserer Herzen entstammt dem Ozean der unberührbaren Stille. Hier ist unser wahres Zuhause.

Achtsamkeit.

Die Gefahr, wieder im Traum der Begrenzungen einzuschlafen, existiert bis zum Schluss. Deshalb trainieren wir Achtsamkeit bis zum letzten Atemzug.

Sicherheit.

Es gibt keine Sicherheit in physischer Form. Leben ist gefährlich. Alles, was wir berühren, wird irgendwann sterben. Wir suchen unsere Sicherheit nicht im Bauen von Sandburgen. Wir krallen uns nicht am Ufer des Erreichten fest. Wir leben voll in dieser Welt, doch wir sind nicht von dieser Welt. Wir schwimmen in der Mitte des Flusses und werden eins mit ihm. Krisen sind für uns natürliche Stromschnellen des Lebens. Wenn die nächste Stromschnelle kommt, pinkeln wir noch einmal ins Wasser oder furzen in den Wind, denn das bringt Glück. Dann atmen wir tief durch und suchen bewusst die Vereinigung mit dem Wirbel. Unsere einzige Sicherheit ist der ewige Wandel des Stromes und das noch tiefer liegende Meer der Stille in uns. Frieden entspringt dem Erkennen dessen, was bleibt, wenn alles geht.

Der Tod.

Rebellen des Geistes wissen instinktiv, dass es keine Garantie für ein Leben danach gibt. Wir geben uns nicht der trügerischen Sicherheit religiöser Konzepte hin. Ja, auch wir haben Angst vor dem Tod. Wir unterdrücken sie nicht, wenn sie kommt. Wir atmen sanft weiter. Wir erlauben ihr, langsam in unsere Glieder zu kriechen und sich dort in freudige Erregung zu verwandeln. Wir warten nicht wie ein hypnotisiertes Kaninchen auf den großen Tod. Wir trainieren das Loslassen jeden Tag. Wir bereiten uns vor, indem wir jeden Tag kleine Tode sterben – immer dann, wenn wir unsere Komfortgrenze überschreiten. Wir ahnen, dass der letzte Tanz den Geschmack der ganzen Reise haben wird. Deshalb leben wir jetzt so, wie wir einmal sterben möchten.

Vollkommenheit.

Wir sehen die Vollkommenheit der Spirale des Lebens. Diese Vollkommenheit ist nicht dasselbe wie die menschlichen Vorstellungen von Schönheit, Perfektion und Fairness. Unsere Urteile über richtig und falsch unterliegen dem Wandel der Zeit. Vollkommenheit hingegen ist der klare Grundgeschmack des ewigen Mysteriums. Es ist eine nicht intellektuell verstehbare, doch in der Tiefe erfahrbare Angemessenheit des Seins.

Auch wenn es manchmal unser Herz zu zerreißen droht und unseren Verstand ängstigt – auch das Dunkle ist Teil des vollkommenen Tanzes. Genau wie jede Geburt durch Schmerz und Enge eingeleitet wird. Das Leben hat immer Recht. Jedes Teil hat das Recht zu sein, wie es ist. Wir begegnen menschlichen Irrungen mit Mitgefühl und Klarheit. Alles ist Liebe und ist da, um dem Großen und Ganzen zu dienen.

So sei es.

SeelenGevögelt

Wenn dein Verstand alle Konzepte und Urteile fallen lässt,

wenn du nicht mehr kontrollierst, sondern vertraust,

wenn dein Herzschlag und der Fluss deiner Gedanken in einem Rhythmus mit dem Universum schwingen,

wenn du total und bewusst in dem aufgehst,
was gerade geschieht,

wenn die Zeit stehenbleibt

und dein kleines Ich nicht existiert,

wenn du EINS *bist mit dem großen Feld des Lebens.*

… dann feiert deine Seele Sex mit der gesamten Existenz.

In diesem Augenblick bist du ***seelengevögelt****.*

Das Mysterium

Ich schätze, der Titel dieses Buches hat eine Erklärung verdient.

Seelengevögelt ist eine der vielen magischen Wortschöpfungen meiner Frau. In der Tat verdanke ich ihr nicht nur das Wort, sondern sie ist auch meine wichtigste Lehrerin in seiner gelebten Bedeutung.

Wenn du in deinem innersten Mark vom Leben berührt, genommen, durchdrungen wirst, dann bist du *seelengevögelt*. So einfach.

In meiner Arbeit begegne ich vielen sehr unterschiedlichen Menschen ehrlich und direkt. Sie schenken mir einen Blick in ihre Abgründe und auf ihr strahlendes Licht. Sie teilen mit mir, was sie in der Tiefe wirklich bewegt.

Darum behaupte ich: Ob dir das Wort gefällt oder nicht, *seelengevögelt* beschreibt eine mystische Erfahrung, nach der wir, bewusst oder unbewusst, alle streben, und zwar völlig unabhängig davon, ob wir an Gott glauben. Vielleicht benennst du diesen Zustand anders. Ich bin mir dennoch sicher, dass wir alle – egal ob Zyniker, Skeptikerin, Verbrecher oder Unschuldslamm, Wissenschaftlerin oder Esoteriker – uns in der Tiefe danach sehnen, dem Leben nackt, offen und unschuldig zu begegnen.

Oberflächlich betrachtet sieht es so aus, als hätten wir modernen Menschen das Leben im Griff. Wir benutzen hochentwickelte Techniken, spezialisierte Wissenschaften, routinierte Abläufe und ein obsessives Beschäftigtsein, um ein Gefühl der Kontrolle zu haben. Doch der Preis, den wir dafür zahlen, ist hoch. Wir *wissen* viel. Wir *tun* viel. Aber wir *staunen* nicht mehr. Staunen ist deine Fähigkeit, dem gegenwärtigen Moment mit einem unschuldigen, neugierigen, vorurteilsfreien Anfängergeist zu begegnen. Wer nicht staunt, spürt den Eros des Lebens nicht mehr unter seiner Haut brennen.

Eros … auch so ein wundervolles Botenwort. Wir finden in den Nachschlagewerken drei Bedeutungen dazu:

Eros als der griechische Gott der Liebe.

Eros als der Drang nach Erkenntnis
und schöpferischer geistiger Tätigkeit (nach Platon).

Eros als der Lebenstrieb im Gegensatz
zur Todessehnsucht (nach Siegmund Freud).

Leben ist zutiefst *erotisch*. Es will *leben*, es will *lieben* und es will *erkennen*. Du wirst ganz natürlich *seelengevögelt*, wenn du das unsichtbare Ganzkörperkondom deiner Konzepte, deiner Kontrolle und deines Rechthabens abstreifst und dich vom Eros des Lebens befruchten, inspirieren und durchdringen lässt.

Jetzt und hier zum Beispiel: Du kannst beim Lesen dieses Buches den besten Seelensex deines Lebens erfahren. Du kannst die Sätze auf dem Papier intellektuell verdauen. Dabei öffnest du die Schubladen deiner Vorstellungen und schaust, ob meine Aussagen irgendwo hineinpassen. Wenn nicht, werden sie passend gemacht oder wieder hinausgeschmissen. Das ist dann kein Seelensex, sondern Mindfuck.[4]

---

[4] *Mindfuck* = Mentale Selbstbefriedigung, die es dir erlaubt, ständig Recht zu behalten und dabei das Leben zu verpassen.

Oder du lässt dich vom verborgenen GEIST der Worte finden und spürst dem nach, was nicht beschreibbar, aber erlebbar ist.

Ich bin mir sicher, dass DU[5] ganz genau weißt, was Seelensex ist. Jeder von uns hat ihn schon gekostet und sucht unbewusst nach mehr davon. Im sexuellen Höhepunkt lösen sich die Grenzen zwischen den Liebenden auf. So auch beim Seelensex. Du erfährst keine Trennung mehr zwischen dir und dem Leben. *Alles* erfährt sich als *eins*. Du weißt nicht mehr, ob du vom Leben gevögelt wirst oder ob du das Leben vögelst. Du führst und wirst geführt. Du gibst dich hin und bist gleichzeitig sehr aktiv. Manchmal erfahren wir diesen Tanz als zart-still und dann wieder als wild-geil. Seelengevögelt kennt keine Moral und ist doch absolut rein.

Im Vorfeld der Veröffentlichung dieses Buches wurde ich oft gefragt, warum ich nicht einen etwas »netteren« Titel wählen würde, zum Beispiel »*Seelenfeuer*«. Ja, ich gebe dir Recht. Das wäre netter. Doch ich möchte kein nettes Buch schreiben. Leben ist nicht nett. Das Mysterium offenbart sich nicht nur in schönen Verpackungen.

Manchmal sind es gerade die düsteren, schockierenden, existentiell bedrohlichen Momente, die uns zur Hingabe zwingen.

Ich weiß nicht, in welcher Welt du lebst. Die Menschen, mit denen ich tagtäglich zu tun habe, erleben nicht nur Sternstunden. Sie verlieren geliebte Angehörige, ihre Unternehmen gehen Bankrott, sie bekommen Krebs. In solchen Augenblicken wollen wir keine oberflächlichen, rosa angehauchten Tröstun-

[5] Wenn ich DU groß schreibe, beziehe ich mich nicht auf dein oberflächliches, ankonditioniertes, persönliches Ich, sondern auf dein tiefes, essentielles Wesen.

gen hören. Wir suchen drängend nach Vertrauen in uns, um auch diesen Aspekt des Lebens aushalten und verstehen zu können. Paradoxerweise sind wir gerade in diesen dunklen Stunden dem Geheimnis besonders nah.

Im Juni 2011 erlebte ich bei einem Fallschirmsprung eine Bruchlandung. Mein vierter Lendenwirbel brach. Monatelang lebte ich mit einer Menge Titan im Körper. Das war kein nettes Rendezvous. Das war kein Blümchensex. Es war ein Crash mit der Erde und meinem Schicksal. Es war ein Soulfuck von der deftigen Sorte. Ich wünsche so etwas niemandem. Doch ich habe noch nie eine so innige Vereinigung mit dem Leben erfahren, wie in den Wochen nach meinem Aufprall.

Wirklicher, nackter Sex mit dem Leben – ohne den Schleier beruhigender Konzepte – ist nicht immer sanft. Manchmal ist er auch wild, zerstörend und vor allem immer unbegreiflich.

Wir finden den Höhepunkt unserer Hingabe in den Tiefpunkten unserer Verzweiflung, dem Feuer unseres Zorns, der Dunkelheit unserer Trauer genauso wie auf dem Gipfel unserer Siege. Erst, wenn wir bereit sind, dem Licht und dem Schatten vorbehaltlos gegenüberzutreten, werden wir das Leben wirklich verstehen. Nicht theoretisch, sondern seelengevögelt.

Ist es nicht das, was du willst?

Hier kommt eine kleine Übung, um dich mit dem Eros des Lebens zu verbinden. Du kannst sie überall durchführen, zuhause, bei der Arbeit, an der Bushaltestelle:

Visualisiere dich selbst im Augenblick eines wunderschönen, tiefen, hingebungsvollen Orgasmus. Und jetzt auch all die Menschen um dich herum.

Wie fühlt sich das an?

Weißt du, wie einzigartig schön du bist?

Eine Liebeserklärung

Liebe Leserin, lieber Leser,

Ich kenne dich wahrscheinlich (noch) nicht persönlich und doch möchte ich riskieren, dich sehr direkt anzusprechen. Ich will dir unverstellt und ehrlich begegnen; ich schreibe dir, wie ich denke und fühle. Es geht mir nicht darum, dir zu gefallen – ich möchte dich berühren.

Unsere Begegnung in diesen Zeilen, in diesem Augenblick, irgendwo in diesem riesigen Universum, ist ein so unwahrscheinlicher »Zufall«. Indem du dieses Buch liest, gewährst du meinen Gedanken Einlass in deine innere Welt. Das ist ein schöpferisches Wunder! Ich wünsche mir sehr, dass die Bedeutung des nächsten Satzes wirklich bei dir ankommt:

Ich schreibe kein Buch – ich schreibe dir.

Bücher gibt es wie Sand am Meer. Jeder schlaue Gedanke steht schon irgendwo viel besser erklärt, als ich es je könnte. Es gibt nur einen Grund, warum ich dennoch mit elegantem Zweifingersystem in die Tasten haue … und der bist DU.

Alles, was ich mir wünsche, ist ein Augenblick wahrhaftigen Kontakts zwischen DIR und MIR. Ich möchte dich weder belehren noch dir die Welt erklären. Das wäre vermessen. Du bist ein alter Haudegen der Evolution, der es bis hierher geschafft hat und also alles weiß, was es braucht.

Mein Anliegen ist es, dich als ein mir unbekanntes und dennoch sehr vertrautes Wesen herauszufordern, ZU LEBEN, was du weißt.

Dieses Buch ist meine Liebeserklärung an dich.

Vielleicht sind unsere Wege durch völlig unterschiedliche Weltanschauungen und Werte geprägt. Vielleicht würden wir uns im wirklichen Leben nicht einmal mögen. Ich liebe dich auf einer tieferen Wirklichkeitsebene.

Da, wo du stehst, hat vor dir noch nie jemand gestanden. Ich schreibe in tiefer Achtung vor deiner Heldenreise durch das Leben. Ich liebe den Mut und die Zähigkeit, mit der du deine Antworten auf die Fragen des Lebens suchst und lebst. Ich liebe deine Tränen und dein Lachen; deine Klarheit und deine Verwirrung; deine Kraft, deine Verletzbarkeit, deine Fehler und deine Siege. Ich bin fasziniert von deinem Leuchten. Doch ich achte auch deine Dunkelheit und dein Ringen mit ihr.

Ich weiß, dass du in dir Antworten finden musst, die vor dir noch niemand entdeckt hat. Denn du bist einzigartig. Einzigartig auf eine so tiefgreifende Weise, dass du dich manchmal sehr einsam fühlst und dann wieder groß, unverletzbar und mit allem verbunden. Stimmt's?

Ich liebe dich! Ich meine nicht deine persönliche Fassade; an der Oberfläche bist du – genau wie ich und jeder andere Mensch – manchmal banal, peinlich, begrenzt, berechenbar oder langweilig.

Doch DU – darunter, dahinter, in der Tiefe – bist so, so schön!

Ich liebe das, was du WIRKLICH bist. Jenes unergründliche, lebenshungrige, liebende, wilde, zarte, mysteriöse Wesen hinter dem Schleier des geschäftigen Treibens. DAS liebe ich. Es gibt nicht viele Dinge, derer ich mir wirklich sicher bin, doch eines weiß ich ganz genau:

DU *bist schön, wahr und gut.*

Auch wenn es schwer vorstellbar ist – ich weiß, dass ich diese Zeilen wirklich für DICH schreibe. Wir mussten hier zusammenkommen.

Ich danke dir, dass du diesen besonderen Augenblick mit mir teilst.

In Liebe, Veit

Was, wenn deine unbändige Sehnsucht
nach süßem, wildem, tiefem Leben
kein Irrtum, sondern heilig ist?

Das Versprechen

Wie alt, reich, bekannt und gebildet ein Mensch ist oder welche weltliche Rolle er spielt, sagt im Grunde genommen nichts über ihn aus. Intuitiv faszinieren uns jene Menschen, die ihr Versprechen einlösen.

Ich meine damit nicht die Verpflichtungen, die du gegenüber deinen Mitmenschen oder der Gesellschaft eingegangen bist. Ich schreibe von dem einen Versprechen, das du dir selbst, sehr früh in deiner Kindheit gegeben hast.

Erinnerst du dich? Damals warst du auf eine selbstverständliche und natürliche Weise mit der Magie des Seins verbunden.

Du hast den Zauber des Augenblicks getrunken.

Du hast alle Reichtümer der Welt in einem Kieselstein gefunden.

Du hast jede Pfütze in einen Ozean der Möglichkeiten verwandelt.

Jeder Tag war ein einziges, großartiges Abenteuer.

Du hast vertraut.

Vor allem wusstest du, jenseits aller Worte, dass du *gut*, *echt* und *unschuldig* bist.[6]

Doch natürlich wolltest du auch dazugehören. Deine Lebendigkeit, deine unschuldigen Fragen, deine elementaren Gefühle haben damals wahrscheinlich nicht nur Freude ausge-

[6] Wenn du dich nicht mehr erinnerst, kram die alten Kindheitsfotos von dir heraus. Schau deinem jüngeren Selbst in die Augen. Dann weißt du, was ich meine.

löst, sondern die Erwachsenen in deiner Umgebung genervt. Also hast du dich angepasst. Also hast du deinen hellen, funkelnden Genius so weit heruntergedimmt, bis die anderen dich gut aushalten konnten.

Und irgendwann hast du darüber vergessen, dass es nur ein Spiel ist. Du hast angefangen zu zweifeln. Ein erster dunkler Schatten legte sich über den Garten deiner Seele, und du konntest mit niemandem darüber sprechen. Du hast deine wilde Unberechenbarkeit eingesperrt und dir stattdessen eine manipulierende Rolle zugelegt: die Brave, der Rebellierende, der Verklemmte, die Verführerin, der Starke …

Das ist nicht schlimm. Es war eine geniale Wahl, die du damals getroffen hast. Dein freier Spirit ging in den Untergrund, um zu überleben. Im gleichen Moment aber gabst du dir ein Versprechen: Du hast dir geschworen, wieder in den Garten deiner Seele zurückzukehren, wenn du stark genug bist, um für dich selbst zu sorgen.[7]

Dein Versprechen wartet nun darauf, dich erneut zu verführen. Es lechzt nach Magie und Staunen. Es bäumt sich unter der Routine des Alltags auf und bedrängt dich in stillen Stunden mit seinen Fragen:

War das schon alles? Wann geht es richtig los?

Vielleicht liest du dieses Buch nur aus einem Grund – um dich wieder an dein Versprechen zu erinnern.

Vielleicht ist es endlich an der Zeit, wieder nackt im Regen zu tanzen.

---

[7] Woher ich das weiß? Weil du dieses Buch liest. Es gibt keine Zufälle.

Oder deine Worte wieder unkontrolliert fließen zu lassen und dich selbst damit zu überraschen.

Es ist an der Zeit, eure langweiligen Tischrunden mit heißen Fragen aufzumischen – wohl wissend, dass hinter der steifen Fassade jedes erwachsenen Schlafwandlers dasselbe wilde Versprechen glüht.

Es ist an der Zeit, die Dinge zu tun, die du immer schon tun wolltest, unabhängig davon, ob sie irgendeine Rendite einspielen.

Es ist an der Zeit, deine Umgebung in Erstaunen zu versetzen, indem du ihr zeigst, wer hinter der Maske steckt.

Es ist an der Zeit, mit einem schalkhaften Lächeln wieder unbeholfene Experimente zu wagen.

Mein Freund, meine Freundin, wenn du das nächste Mal gezähmt an einem Bürotisch, an einer Bushaltestelle, in einer Verkaufsschlange oder auf einem Familienfest darauf wartest, dass das Leben endlich losgeht, mach dir klar:

Das hier ist es! Das ist DEIN Moment.

Du hast nicht ewig Zeit.

Löse dein Versprechen ein!

Stell dir vor, du hättest keine Angst,
was würdest du sofort tun?

Der Witz ist: alles, wovor du immer Angst hattest,
wird so oder so passieren …

Du wirst Fehler machen.

Du wirst dich blamieren.

Du wirst dich verletzen.

Du wirst sterben.

Herzlichen Glückwunsch!

Du hast das All-Inclusive-Paket gewonnen.

Dein Leben ist riskant, geheimnisvoll und gefährlich.

Der perfekte Zeitpunkt, dem Ruf deines Herzens zu folgen, ist immer … JETZT.

Wo ist das Abenteuer in deinem Leben?
Jetzt?

Das Erwachen

Ist dir die folgende Situation vertraut? Du sitzt mit Freunden in gemütlicher Runde zusammen und plötzlich kommt dir alles etwas unwirklich vor. Du bist irgendwie »draußen« und schaust dem Szenario seltsam unbeteiligt zu.

Fragst du dich manchmal, ob du wach bist oder träumst?

Kennst du jene Tage, an denen du am Abend nicht sagen kannst, was du heute getan hast? Du warst zwar da, aber irgendwie nicht wirklich anwesend.

Viele von uns funktionieren wie auf Autopilot. Anstatt zu leben, werden wir gelebt. In unsere kleine Geschichte verstrickt arbeiten wir den Tag ab. Wir hetzen die Stationen des Alltags entlang, getrieben vom unablässigen Strom innerer und äußerer Impulse. Es ist ein Traum der Geschäftigkeit, gemeinsam gewoben von Milliarden schlafender Geister.

… bis du erwachst.

Du stehst auf einer belebten Einkaufsstraße und bist plötzlich ausgestiegen. Du schaust dich um. Du siehst die geschäftigen Körper der Passanten und realisierst, dass etwas fehlt. Es scheint, als wäre niemand in diesen Körpern zu Hause. Du fragst dich erstaunt:

Was machen wir hier eigentlich?

Ich bedaure es sehr, dass die westliche New-Age-Spiritualität ein natürliches Phänomen wie das Erwachen mit so viel unnötigem Hokuspokus belastet hat. Aus vielen Gesprächen weiß ich, dass das Erkennen, das ich hier beschreibe, vielen Menschen auf sehr unterschiedlichen Lebenspfaden widerfährt. Oft haben sie nicht einmal ein Wort dafür. Erwachen ist kein religiöses oder spirituelles Wunder, auf dem wir die nächste egomanische Welle reiten müssen. Erwachen ist ein schlichter, natürlicher Prozess der Evolution menschlichen Bewusstseins.

Erwachen findet statt …

… wenn du über den Tellerrand deiner bekannten Perspektive herausgeschleudert wirst.

… wenn die egozentrische Trance, in die sich dein Verstand selbst eingelullt hat, ins Stolpern gerät und du erkennst, dass du mehr bist als ein vor sich hin alterndes Fleischklöpschen.[8]

… wenn deine kleine, sorgfältig abgesteckte Welt einen Riss bekommt und du von der Unendlichkeit geküsst wirst.

… wenn der Lärm deines Lebens plötzlich in den Hintergrund tritt und du der Stille gewahr wirst, die alles durchdringt.

Erwachen kann überall stattfinden: an der Börse, zu Füßen eines Gurus, auf der Beerdigung eines geliebten Menschen, angesichts deines abzuarbeitenden E-Mail-Bergs nach zwei Tagen Urlaub, beim Spielen mit deinem Kind, beim Betrachten einer Blume, beim Sex, am Tiefpunkt einer lebensbedrohlichen Krankheit.

Je nachdem, auf welchem Fuß es dich erwischt, kann es eine glückselig machende oder eine sehr erschreckende Erfahrung

[8] Das sind doch mal wirklich gute Neuigkeiten …

sein. Im Kreise geliebter Menschen aufzuwachen, sie schlafwandeln zu sehen und deine Erfahrung nicht teilen zu können, ist nicht angenehm. Sie kann sich zuerst nüchtern und leer anfühlen oder heiß, wie ein alles verzehrendes Feuer. Vielleicht wirst du dir nichts sehnlicher wünschen, als einfach wieder einzuschlafen.

Erwachen kann wehtun, denn es wird dein kleines, egoistisches Herz brechen, um Raum für das Licht und die Dunkelheit dieser Welt zu schaffen.

Vielleicht fragst du dich, warum du dann überhaupt erwachen solltest?

Weil der Frieden, nach dem du dich sehnst, nur im Erwachen zu finden ist.

Weil es keine andere Option gibt.

Du kannst im Raum der Zeit eine Ewigkeit gegen deine Bestimmung kämpfen. Doch der Ausgang der Reise ist gewiss.

Fürchte dich nicht vor dem Schmerz. Er signalisiert nur das Brechen der Schale deiner Illusionen. Jenseits davon wartet ein Ozean der Freiheit auf dich.

Ein Ozean des Lichts.

»Unsere tiefste Angst ist nicht die, dass wir unzulänglich sind. Unsere tiefste Angst ist die, dass wir grenzenlos machtvoll sind. Es ist unser Licht, nicht unsere Dunkelheit, das uns am meisten erschreckt.« [9]

Wenn du erwachst, verstehst du, was Marianne Williamson[10] damit gemeint hat.

Es dämmert dir, warum so viele Menschen alles dafür tun, um weiterschlafen zu können. Licht ist nicht nur angenehm. Licht deckt jede Lüge auf. Jeder Schmutz, der gerade noch im Dunkeln verborgen war, wird quälend sichtbar. Licht schleudert dich in eine neue Welt, für die du noch keine Antworten hast.

Doch die Zeit drängt und verdichtet sich. Die Herausforderungen unserer Tage rütteln an deinem und meinem egozentrischen Traum. Die Welt ist zu einem Schmelztiegel menschlichen Bewusstseins geworden. Die Hitze der Spannung verlangt nach einem kollektiven Erwachen in eine neue Dimension von Menschlichkeit.

Bist du einmal wach geküsst, kannst du nicht mehr zurück. Du kannst dir nichts mehr vormachen. Du spürst klar und deutlich jede falsche Geste, jeden angstbasierten Kompromiss. Du leidest an jeder verschlafenen Chance.

---

[9] Marianne Williamson: *Rückkehr zur Liebe. Harmonie, Lebenssinn und Glück durch »Ein Kurs in Wundern«* München 1995, S. 180.

[10] Dieses Zitat ist tatsächlich von Marianne Williamson und nicht, wie oft behauptet, von Nelson Mandela. Er hat es nur später in einer seiner Reden verwendet.

Du hast nicht weniger Fragen, sondern sehr wahrscheinlich mehr.

Wie ist es möglich, mit einem offenen Herzen zu leben, ohne an der immer noch allgegenwärtigen Ignoranz der Menschheit zu verzweifeln?

Wie kannst du aktiv an einer Welt teilhaben, die du gerade als Traumkulisse durchschaut hast? Wenn alles ein Traum ist, warum solltest du überhaupt noch aufstehen?

Wie kannst du andere Schläfer wecken, ohne zu predigen oder zu kämpfen?

Wo hörst du auf und wo fängt der andere an?

Erlaubt die neue sehende Liebe auch, Grenzen zu setzen? Und wenn ja, wie setzt man in Liebe Grenzen?

Wie erkennst du den Unterschied zwischen heiligem Zorn und egozentrischer Wut?

Wenn wir wirklich alle eins sind, wann ist dann Teilen sinnvoll und wann schwächst du den anderen lediglich dadurch?

All diese Fragen werden dich nun, da die Schale deines Traumes einen Riss bekommen hat, auf deiner Heldenreise in ein immer radikaleres Erwachen begleiten.

Das Gute ist: Du bist nicht allein. Schau dich um, Besinnung findet in allen gesellschaftlichen und kulturellen Schichten statt. Die Welt ist im Aufbruch. Immer mehr Menschen durchleben einen ähnlichen Prozess wie du.

Geh raus und finde sie! Du erkennst sie. In ihren Augen leuchtet ein wieder gewonnenes Staunen. Wenn sie dich anschauen, fühlst du dich gesehen.

Du kannst dein Erwachen auch nicht mehr herausschieben, weil du denkst: »Das ist doch nur etwas für esoterische Spinner.« Ich kenne gestandene, sehr erfolgreiche Geschäftsleute, Handwerker, Regierungsbeamte, Wissenschaftler, die diesen Prozess durchleben. Sie reden nur nicht so viel darüber, sondern sind im Stillen mit den praktischen Konsequenzen beschäftigt.

Wisse, dass der Kampf nicht vorbei ist, nur weil du einmal vom Erwachen kosten durftest. Rebellen des Geistes trainieren das Schwert ihrer Achtsamkeit täglich. Die Widersacher der Wahrheit – blinder Glauben, Angst, Trägheit, Ablehnung und Gier – werden dich wieder und wieder besuchen, und dich dadurch zwingen, noch präziser zu bekennen, wer du bist. Die Auseinandersetzung mit diesen inneren Herausforderern ist kein destruktiver Kampf. Er ist leise, sanft und liebend, doch im Ausgang unbeirrbar.

Es ist ein Kampf ohne Wahl. Rebellen des Geistes können nicht mehr zurück. Wach zu sein ist das kostbarste Gut, das der Mensch erlangen kann, und sie zahlen gern den Preis dafür. Sie haben die pure Schönheit des Lebens gekostet und sich bewusst in das wilde Herz der Existenz verliebt. Für das, was sie lieben, sind sie bereit, im Feuer zu stehen.

Jedes Mal, wenn eine Illusion verbrennt, strahlt dein wahres Wesen klarer und stiller in dieses Leben hinein.

Übrig bleibt das Makellose, das nicht berührt werden kann.
Nacktheit, die nicht beschützt werden muss.

Das sanfte Lächeln eines wilden,
zur Ruhe gekommenen Herzens.

Wie oft das alte Ich verbrannt werden muss?

Immer wieder neu.

Bis zum letzten Atemzug.

Inspiriert dein Leben andere Menschen?

Der Ruf

»Im Wald zwei Wege boten sich mir dar, und ich nahm den, der weniger betreten war, und dies veränderte mein Leben.«
Robert Lee Frost

In jedem Menschen wirken zwei elementare Grundbedürfnisse, deren (scheinbarer) Gegensatz uns manchmal schier zerreißt:

Sicherheit und Abenteuer.

Wir gründen Familien, wir bauen Häuser, wir sparen Geld und schließen Versicherungen ab. Unser Überlebensinstinkt drängt nach Stabilität und Kontrolle. Alles könnte einfach und übersichtlich sein … wenn es da nicht auch den RUF gäbe.

Die vitale Kraft in uns drängt nach Wachstum und Abenteuer. Während der Verstand das eroberte Land abstecken und befrieden will, sehnt sich unsere Seele nach dem Unendlichen, und das Unendliche ruft nach ihr.

Diesem Ruf zu folgen ist keine gemütliche Landpartie, sondern ein Wagnis mit unbekanntem Ausgang. Wir wissen, dass wir unsere mühsam eroberte Sicherheit aufs Spiel setzen, wenn wir ihm folgen. Doch wenn du ihn negierst, zahlst du einen hohen Preis: Du wirst nie erfahren, wer du hättest sein können. Dein Blick stumpft im Laufe der Jahre ab. Der Klang deiner Stimme verschwimmt in trauriger Zurückhaltung. Leere Langeweile ersetzt die kribbelnde Lust am Abenteuer.

Anstatt den Horizont deiner Möglichkeiten immer wieder neu auszuloten, erfindest du Gründe, warum das für dich nicht möglich ist. Höre genauer hin, wenn du das nächste Mal mit Freunden zusammensitzt oder an einer Familienfeier teilnimmst. Viele liefern sich einen regelrechten Wettstreit der Ausreden. Wer hat die überzeugendste Trumpfkarte im Spiel: »Warum lebe ich nicht mein Wunschleben?«

Deinem inneren Ruf zu folgen heißt nicht, als ein narzisstisches Arschloch immer nur das zu tun, worauf du gerade Bock hast. Es gibt einen wesentlichen Unterschied zwischen Egoaustoben und Selbstverwirklichung. Dein wahrer, innerer Ruf ist individuell, aber nicht egoistisch. Er spricht nicht davon, was du vom Leben willst, sondern was das Leben von dir will und was du dem Leben geben kannst. Ihm zu lauschen und in deinen Taten treu zu sein, ist ein Akt des Respekts gegenüber der evolutionären Kraft des Lebens. Und indem du deine Essenz entdeckst und sie an die Welt verschenkst, erfüllst du dich auf einer wesentlich tieferen Ebene, als es dein kleines Ego je konnte.

Ich musste diesem Ruf folgen, als ich mein Medizinstudium abbrach und so die für mich von außen vorbestimmte Karriere als Arzt verließ. Ich musste diesem Ruf folgen, indem ich die Beziehung mit Frauen beendete, die ich sehr schätzte, aber nicht liebte. Ich wollte diesem Ruf folgen, als plötzlich eine Frau mit einem dreijährigen Mädchen vor mir stand und ich wusste: Das ist meine Familie! Ich folgte dem Ruf, als ich in Eli den Lehrer meines Herzens erkannte. Und ich folgte dem Ruf, als ich ihn und seine Gemeinschaft in einem schmerzhaften Loslösungsprozess wieder verließ.

Wenn der Ruf ertönt, fürchten wir ihn nicht selten, manchmal hassen wir ihn sogar. Er kündet vom Ende eines bekannten Lebensabschnittes. Wie Shiva[11] rüttelt er an den Mauern deiner bequemen Halbwahrheiten. Er zerstört Illusionen und garantiert nichts. Er fordert dich heraus und führt dich ins Unbekannte. Vertraust du dich ihm an, erlebst du kurzfristig häufig Chaos, Angst und Verwirrung. Langfristig aber richtet sich dein geistiges Rückgrat auf, und die Dinge um dich herum werden klar. Denn das Geschenk des Rufes sind Selbstachtung, Selbsterkenntnis und Freiheit. In dir reift eine unantastbare Würde, die dir durch keine weltliche Niederlage mehr genommen werden kann.

Endlich erlebst du wieder nackte, nicht vorhersehbare Begegnungen mit der Existenz. Du bist raus aus dem sicheren Zoo – willkommen im Dschungel der tausend Überraschungen. Dein Geist, dein Herz und deine Lenden vibrieren in der Lust am Abenteuer. Hast du schon einmal im Winter die allererste Spur in ein vollkommen unberührtes Schneefeld gesetzt? Die Unbeflecktheit des Augenblicks. Nach deinem ersten Schritt sind die Karten neu gemischt. So fühlt es sich an, wenn du die tief eingegrabenen Spuren der Routine verlässt und neue Pfade beschreitest.

Mir ist es immer unwichtiger, ob die Menschen um mich herum ein »moralisch-korrektes« Leben führen. Viele von denen, die scheinbar alles ordnungsgemäß machen, strahlen den Charme eines verschluckten Besenstiels aus. In ihrer Aura lacht es sich nicht frei. Ihre Augen sind hart wie die Falltür über all ihren unterdrückten Lebenskräften: dem Narren, der Lust, der Forscherin, dem Wunderer. In der Umgebung ungelebter Menschen wirst du traurig oder kolossal wütend.

---

[11] Shiva ist einer der wichtigsten Götter des Hinduismus. Er steht für die Zerstörung des Alten und den Neubeginn.

Wir sind gern mit Menschen zusammen, die ihrem Ruf folgen. Ihr authentisches Tun lässt unser eigenes neugieriges, lebenshungriges Bewusstsein ausschlagen wie einen Geigerzähler. Ich wette mit dir: Alle Menschen, die du bewunderst, die dich wirklich interessieren und deine Aufmerksamkeit auf sich ziehen, sind ihrem Ruf treu. Sie sind bereit, in wichtigen Entscheidungsphasen allein zu sein und die Konsequenzen aus ihrem Handeln zu tragen. Manche dieser Vorreiter kannst du auf einer persönlichen Ebene vielleicht nicht einmal leiden, doch etwas schwingt in ihrer Haltung, ihrer Stimme, ihren Lebensprojekten mit, was auch du begehrst.

Diese Menschen verwirklichen ihre eigene Essenz, anstatt die Geschichten anderer nachzuahmen. Sie sind Pioniere des Bewusstseins. Da, wo sie stehen, lernt der Schöpfergeist des Universums etwas Neues über sich selbst.

Dem Ruf treu zu sein, ist deine einzige Chance, um herauszufinden, wer du wirklich bist. Und nur, wer sich selbst kennt, kann sich achten und lieben.

Dabei kenne ich nicht einen Menschen, der nicht weiß, was gut und richtig für ihn wäre. Doch wir sind Meister im Rationalisieren und Ablenken. Wir arbeiten schneller, schauen mehr fern, schlucken Pillen, drehen das Radio lauter und reden hohles Zeug – alles, um die leise Stimme in uns nicht hören zu müssen.

Wir kreieren staatlich sanktionierte Betäubungsmaßnahmen, um sicherzustellen, dass die Masse der Bevölkerung ihren Ruf nie vernehmen wird: Alkohol, hypnotisierendes Fernsehen, öffentlich zelebrierte Spektakel, initiiert durch *Bild* und Co.,

Pornos an jeder Ecke und das sich immer schneller drehende Hamsterrad unserer ökonomischen Bedürfnisse.

Doch ich möchte mich nicht in die Scharen der ohnmächtig vor sich hin lamentierenden Systemkritiker einreihen. Ich möchte dir eine neue Maxime anbieten:

Wenn dir die Nachrichten nicht passen,
dann geh raus und kreiere neue!

Es gibt niemanden da draußen, den du für deinen Dämmerschlaf verantwortlich machen kannst. Denn Löwen, die Gras fressend auf einer Weide stehen, weil sie glauben, sie seien Esel, sind immer noch Löwen. Jeder von uns muss sich selbst wach brüllen.

Wie die Glut unter der Asche wartet dein Weckruf auf diesen Augenblick. Er nutzt die Lücken in deinem geschäftigen Alltag und flüstert dir ins Ohr. Wenn ein guter Freund stirbt – worüber denkst du dann nach? Wenn du am Abend allein zu Hause sitzt und im Fernsehen nichts läuft – was fühlst du dann?

Manchmal legt sich in solchen Augenblicken ein unangenehmer Druck auf unsere Brust. Vielleicht fühlst du eine unbestimmte Traurigkeit. Der Verstand mag solche Momente nicht. Er fürchtet, in schwer gewordenem Mut zu ertrinken.

Darf ich dich zu einem Experiment einladen? Wenn du das nächste Mal solch einen nachdenklichen Moment erlebst, sei tapfer und entschlossen. Lenke dich nicht ab. Fühle ihn voll. Lass dich von Gefühlen wie Leere, Traurigkeit und Ohnmacht nach innen ziehen, bis du der schmerzhaft-süßen Sehnsucht nach Freiheit begegnest. Gib dich ihr hin. Lass sie wie heiße Lava aus der Tiefe deiner Seele in dein Herz emporsteigen. Lass sie in deinem Kopf explodieren, lass sie die Krusten feiger Gedanken sprengen – bis du spürt, in welchem Zustand Beethoven gewesen sein muss, als er die Ode *An die Freude* schrieb.

Ach, übrigens. Du musst nicht auf den großen Knall warten.

Deinem Ruf treu zu sein, muss nicht mit spektakulären Aktionen verbunden sein. Es sind oft kleine, schlichte und doch wesentliche Siege deiner Würde: Wenn du bei einem Familientreffen ehrlich bist, obwohl du Angst vor der Ablehnung der anderen hast. Wenn du deinen Stolz überwindest und einen geliebten Menschen um Verzeihung bittest. Wenn du einen fremden Menschen anlächelst, obwohl du schüchtern bist.

Natürlich gibt es auch jene großen Weggabelungen, Verabredungen mit deinem Schicksal:

Nimmst du den besser bezahlten Job, obwohl du dafür deine wesentlichen Werte verraten müsstest?

Verlässt du eine Beziehung, die dir nicht guttut, aber ökonomische Sicherheit bietet?

Investierst du in das Projekt deiner Träume – ohne jegliche Garantie auf einen erfolgreichen Ausgang?

Wir Menschen sind schlaue Winkeladvokaten. Wir können uns unsere faulen Kompromisse rational gut erklären. Doch dein Herz hat ein unbestechliches Gespür für Integrität. Es pfeift auf Argumente. Es will frei atmen, unberechenbar für den Jäger der Routine.

Darf ich dich, auch wenn du dich vielleicht für einen eingefleischten Atheisten hältst, zu einem kleinen Gedankenspiel einladen?

Nehmen wir einmal an, es ist wahr, was viele Menschen von ihren Nahtoderfahrungen berichten. Dann wartet am Ende unseres Lebens ein Tunnel aus Licht auf dich und mich. Hier werden wir einem unendlich liebevollen und vertrauten Lichtwesen begegnen. Stell dir vor, es wird dich fragen: »Na, Kumpel, bist du sicher durchgekommen? Hast du dich gut durchgeschummelt? Hast du jede Menge unnützes Zeug angehäuft, das du jetzt wieder loslassen musst? Hast du jede Gefahr vermieden, um jetzt sterben zu müssen?« Obwohl dich die Lichtgestalt dabei ernst anschaut, fühlst du dich leicht verarscht. Dann beginnt sie zu grinsen und lacht lauthals los. Sie klopft dir herzhaft auf die Schulter, so dass du dich fast verschluckst, und brüllt prustend: »Herzlichen Glückwunsch, du hast es doch tatsächlich geschafft, bis zu deinem sicheren Tod irgendwie zu überleben.«

Jetzt mal Spaß beiseite. Hier geht es schließlich um deinen und meinen Tod. Wenn es den Tunnel aus Licht gibt, wette ich mit dir, dass dieses weise, gütige, liebevolle Wesen uns beide nur mit einer einzigen Frage konfrontieren wird:

»Bist du deinem Ruf treu geblieben?«

In unseren Seminaren führe ich die Teilnehmer manchmal in einer angeleiteten Trance in diesen Tunnel. Es erstaunt mich immer wieder, dass selbst die größten Skeptiker, die gerade noch schlaue, intellektuelle Diskussionen darüber führten, ob es so etwas wie eine Seele oder den Sinn des Lebens überhaupt gibt, plötzlich ganz genau wissen, wo und wie sie in ihrem Leben ihre Wahrheit verraten haben.

Ich selbst bin ein staunender Skeptiker. Ich halte alles für möglich, doch ich glaube nichts blind. Wenn es jedoch so etwas wie einen Himmel geben sollte, hoffe ich inbrünstig, dass die Wesen da oben etwas mehr Humor besitzen als die meisten in dieser Dimension …

Ich weiß nicht, ob es jenen Tunnel aus Licht wirklich gibt und ob er für uns beide einmal anstehen wird. Doch in einem bin ich mir sicher:

Du und ich, wir müssen nicht auf ein großes Finale warten, um herauszufinden, ob wir wirklich gelebt haben. Wir können es **jetzt** ehrlich erkennen. Unser Herz schlägt freudiger und entspannter, wenn wir **heute** seelengevögelt leben.

Wenn du wissen willst, ob du dir etwas vormachst – schau dir selbst in die Augen. Sie sind die Fenster deiner Seele. Ein aufmerksamer Blick in den Spiegel erzählt dir alles. Hier findest du den enttäuschten Hunger all der verschlafenen Momente, in denen du gern mehr geküsst, getanzt, geliebt, geachtet, gedient und geschenkt hättest. Die Heuchelei einer nicht wirklich erfüllten, sondern vorgespielten Befriedigung.

Oder, besser, hoffentlich, leuchtet in deinen Augen die still triumphierende Freude über jeden Schritt ins Unbekannte. Freude blitzt ekstatisch auf, wenn du dir einen freien, kühnen Gedanken erlaubst. Sie strahlt wie ein Leuchtturm nach innen und außen, wenn du deinen Ruf in deinen Taten manifestierst.

Gehe deinen Weg.
Der Ruf ist immer da.
Laut oder leise.
Jetzt.

Deine Seele wird sich nie mit weniger als
Freiheit zufriedengeben. Sie ist die Geliebte des Ozeans.
Sie ist hungrig nach dem Unendlichen, und das
Unendliche ist hungrig nach dir.

Der Fluss muss zum Meer.

Folge seiner Sehnsucht. Sie ist heilig.

Wann bist du deinem Ruf das letzte Mal
mutig und kompromisslos gefolgt?

Wie hat sich das angefühlt?

Wohin verläuft der Pfad deiner aufrechten Wahrheit,
und was kannst du tun, um ihn jetzt zu würdigen?

Der Preis

»Gib dich nicht mit Kleinheit zufrieden.

Alles in dieser Welt ist klein, denn es ist eine Welt,
gemacht im seltsamen Glauben,
dass Kleinheit dich zufriedenstellen kann.

Es steht dir frei,
alle möglichen Formen von Kleinheit zu erproben,
doch letztendlich wirst du akzeptieren,
dass du nur mit der Größe zufrieden sein wirst,
die dein Zuhause ist.

Es gibt eine tiefe Verantwortung, die du dir selbst schuldest und
die dir niemand abnehmen kann:
dich zu deiner wahren Größe zu bekennen.« [12]

Deinem Ruf zu folgen bedeutet auch, wieder und wieder die Komfortzone deines Lebens zu verlassen.

Diese Komfortzone besteht aus dem, was du kennst: deinen gewohnten Abläufen, deinen normalen Gesprächen, deinem vertrauten Gefühlsspektrum, deinem angehäuften Wissen über dich und die Welt. Hier, in dieser kleinen, sorgfältig gepflegten Realitätsblase, fühlst du dich sicher.

Vielleicht wünschst du dir, dich mit dem einmal Erreichten, dem von dir endlich Verstandenen zufriedengeben zu können.

Denkste!

---

[12] In Anlehnung an: *Ein Kurs in Wundern*, Freiburg i. Br. 2010, Kapitel 15. III.

Das Leben akzeptiert keine »Rente des Bewusstseins«.
Es kennt keinen Stillstand.

Leben wächst oder schrumpft. Das Konzept, sich auf dem Erreichten auszuruhen, ist ihm fremd. Im Englischen gibt es den Spruch: *Use it or loose it.* (Nutze es oder verliere es.) Alles, was in der Natur über einen längeren Zeitraum hinweg nicht stimuliert, nicht gebraucht oder herausgefordert wird, wird weniger.

Im Klartext bedeutet das für uns Menschen: Wenn wir beginnen, es uns in unserer kleinen Realitätsblase gemütlich zu machen, verengt sie sich jeden Tag ein wenig. Wenn wir uns nicht freiwillig und regelmäßig bis an die Grenzen unseres Könnens und darüber hinaus dehnen, schrumpft unsere Komfortzone (das, was wir »unser Leben« nennen). Unsere geistige Flexibilität lässt nach. Unsere Gefühlsbandbreite wird schmaler. Unser Blick trübt sich, und unsere Handlungsoptionen reduzieren sich auf ein Minimum.

Es gilt mittlerweile als erwiesen, dass eine der besten Strategien, Alzheimer und Demenz vorzubeugen, darin besteht, dem Geist jeden Tag eine Aufgabe vorzusetzen, für die er noch keine Lösung hat.

Manche Menschen machen deshalb schwierige Kreuzworträtsel und knacken mathematische Knobelaufgaben. Doch es gibt eine wesentlich intelligentere Möglichkeit, den GEIST des Lebens in dir zu stimulieren:

Verwandle deinen Alltag in ein prickelndes Sudoku.

Wie du dies tust? Sei einfach nur wahrhaftig. Um den Rest kümmert sich das Leben. Du brauchst dir keine künstlichen Mutproben und Kicks einfallen lassen. Manche Menschen suchen ihren Thrill in Form von Bunjeejumping, Saufen, Streiten oder was auch immer, und verlassen dabei in Wahrheit doch nie ihre Komfortzone. Geistiges und seelisches Neuland erschließen wir nicht dadurch, dass wir unserem Ego erlauben, sich in jede Richtung unreif auszuleben.

Ein wach und achtsam erfahrener Alltag ist *das* ultimative Abenteuer. Eine intelligente Aneinanderreihung natürlicher und spannender Reifungstests. Immer wieder schiebt dich das Universum an den Rand deines bekannten Tellers und fordert dich heraus, darüber hinaus zu schauen, zu fühlen und zu handeln.

Manchmal steigen dabei Wünsche und Fragen in dir auf, die dich ängstigen. Stimmt's?

Der Preis, den wir im Abenteuer dieses Geburtsprozesses zahlen müssen, ist die regelmäßige Konfrontation mit unserer Angst. Viele Menschen gestatten sich leider nicht einmal, sich *vorzustellen*, wie sie neue Schritte gehen. Denn bereits die Idee, die gut eingesessene Mulde in ihrem Sofa zu verlassen, löst Furcht in ihnen aus.

Doch was genau macht dir daran Angst? Sehr wahrscheinlich spürst du instinktiv, dass allein das Darübernachdenken dich in unsichere Territorien führt.

Wenn du nicht mehr versuchst, das Leben eines anderen zu leben, sondern in deinem eigenen wach ankommst, machst du schnell eine verblüffende Erfahrung: Die Herausforderung ist immer maßgeschneidert. Was für den einen von uns eine völlige Selbstverständlichkeit ist, kommt für den nächsten dem Erlegen eines Drachens gleich.

Für einen Choleriker ist das Herausbrüllen seiner Wut keine Schwierigkeit. Darin fühlt er sich sicher und pudelwohl. Doch wenn der Tag kommt, an dem er bereit ist, seine Aggression nicht mehr herauszuschleudern, sondern den darunter liegenden Schmerz zu spüren, wird es sich für ihn wie Sterben anfühlen. Seine bis jetzt alles duldende Ehefrau hingegen lebt seit Jahren in der Komfortzone des Schmerzes und der Trauer. Ihr Schritt ins Freie besteht vielleicht darin, endlich mit Wut und Entschlossenheit in der Stimme ihre Grenze zu artikulieren.

Also, vergiss die anderen und hör auf, dich zu vergleichen. Die einzige Frage, die für dich zählt, ist:

Welchen Schritt müsstest du als Nächstes tun, um in deine wahre Größe hineinzuwachsen?

Da draußen, vor den Toren deiner bekannten Welt, wartet jeden Tag eine größere, freiere, weisere Version deines Selbst. Hörst du ihren Ruf? Spürst du ihr Sehnen? Das bist du selbst, der dich ins Offene deiner Möglichkeiten ruft.

Eine Frage, die mir meine Klienten an diesem Punkt häufig stellen, lautet: »Natürlich bin ich an Wachstum und Abenteuer interessiert. Doch hast du für mich ein Rezept gegen die Angst?« Dann antworte ich: »Ja, sogar zwei: Psychopharmaka und Selbstmord.«

Bitte, bekämpfe deine Angst nicht![13] Angst ist natürlich. Angst ist Teil des Spieles. Angst ist ein Aspekt deiner Lebendigkeit.

Der Begriff Angst hat indogermanische Wurzeln (*anghu*) und bedeutet dort so viel wie »beengend«. Das passt. Denn jedes Mal, wenn du kurz davor bist, deine Komfortzone zu verlassen, fühlst du die Enge der alten Welt und das potentielle Risiko der neuen.

Es ist nicht sinnvoll, diese Warnsignale wegzudrücken. Deine Angst signalisiert dir: »Achtung, Achtung! Du bist kurz davor, die bekannte Welt zu verlassen. Wir können nicht dafür garantieren, dass der nächste Schritt noch sicher ist.«

Deine Angst hat Recht! Wenn du Neuland betrittst, weißt du nicht, was dich erwartet. Du kannst ausgelacht, verletzt, verraten, verkauft, manipuliert, in die Irre geleitet, verlassen werden …

Genau davor möchte deine Angst dich beschützen. Unterdrücke sie nicht. Achte sie. Begegne ihr intelligent.

Angst ist vor allem eine körperlich-emotionale Erfahrung von Enge, die durch bestimmte Befürchtungen ausgelöst wird. Die körperlichen Symptome sind zum Beispiel eine erhöhte Muskelanspannung, eine erhöhte Herzfrequenz, eine flachere und schnellere Atmung, Schwitzen, Zittern und Schwindelgefühl. Die Veränderungen in deinem Körper wollen dich auf eine Kampf- oder Flucht-Situation (*fight or flight*) vorbereiten. Wenn

---

[13] Hinweis: Dieser Abschnitt über Angst bezieht sich auf normalneurotische Menschen. Bei Verdacht auf eine echte Angststörung empfehle ich auf jeden Fall, therapeutische Hilfe in Anspruch zu nehmen. Dann gelten meine Ratschläge nicht!

du sie nüchtern spürst[14] und nicht verkrampfst, sondern sanft weiteratmest, löst sich die Enge wieder auf.

Unser eigentliches Problem ist nicht die Erfahrung der Angst in unserem Körper. Die mag unangenehm sein, doch sie kommt und geht auch wieder. Wenn wir aber unserem Verstand erlauben, in Fantasien darüber abzugleiten, was alles passieren könnte, wird die Angst wieder und wieder stimuliert. Dadurch verwandelt sich ein natürliches, gesundes Signal in einen chronischen Zustand von Ängstlichkeit und Besorgnis. Dann starren wir hypnotisiert auf den in unserer Fantasie gedrehten Horrorfilm und bleiben wie gelähmt auf unserem Hintern sitzen – bis wir das Leben irgendwann und irgendwie, halbwegs sicher, auf der Zuschauertribüne festgeschnallt, überstanden haben.

Überspiele deine Angst nicht, aber lass dich auch nicht von ihr lähmen!

Wandle sie in freudige Erregung um.

Ich weiß, dies ist einer jener Ratschläge, die viel zu einfach klingen, als dass sie funktionieren könnten. Darum glaube mir nicht einfach, sondern probiere es selbst aus.

Wenn du das nächste Mal mit zitternden Knien und flatterndem Herzen kurz vor einem gewagten, neuen Schritt stehst, versuche Folgendes:

1. Unterdrücke die Angst nicht. Fühle sie im ganzen Körper.

---

[14] Mit »nüchtern« meine ich das achtsame Spüren der Symptome auf der körperlichen Ebene, ohne dich durch weitere sorgenvolle Gedanken weiter aufzuputschen.

2. Dann denke: »Oh Gott, was hier gleich alles passieren kann. Ich habe solch eine Angst!« Spüre die Phänomene, die dieser Gedanke in deinem Körper auslöst.

3. Nun sage zu dir (wenn es passt sogar laut): »Wow, ich spüre schon wieder diese gewisse, freudige Erregung in mir. Meine Beine zittern, mein Herz flattert. Das heißt, ich stehe kurz vor einem weiteren Abenteuer meines Lebens. Ich setze den nächsten Schritt mit wachem Respekt vor dem Unbekannten.«

Dies ist kein billiger Trick. Es ist eine schlaue Form, mit dir selbst zu kommunizieren. So erlaubst du deinem Verstand, die vorhandenen energetischen Phänomene konstruktiv zu interpretieren.

Das kannst du trainieren. Je häufiger du die Schwelle zum Unbekannten freudig erregt übertrittst, desto leichter wird es dir fallen. Du wirst merken, dass du die neuen Herausforderungen tatsächlich immer mehr genießt, anstatt dir jedes Mal in die Hose zu machen. (Obwohl auch das eine sehr heilsame, befreiende Erfahrung sein kann …)

Übrigens, wenn du glaubst, es wäre sicherer, dich in deiner pupswarmen Komfortzone zu verstecken, irrst du dich. Leben ist und bleibt gefährlich. Irgendwann bricht das Unbekannte so oder so in dein kleines Nest ein. Dein Partner betrügt dich. Du wirst gefeuert. Herzinfarkt, Tsunami, Autounfall, Finanzkrise – das Leben hat so seine Tricks, um auch dem Resistentesten den nächsten Wachstumsschub zu verpassen. Freiwillig aber lernt es sich freudvoller. Außerdem musst du dich in der nächsten Krise nicht frustriert fragen, warum du auf all die möglichen Abenteuer verzichtet hast, wenn am Ende doch eh nichts sicher ist.

Ha!

Das nächste Mal, wenn du Angst hast,
atme tief weiter und mach einen Witz über deine Angst.
Schau, was passiert.

Hast du dich schon einmal gefragt, was eine große, kräftige Kuh davon abhält, den dünnen Zaun um ihre Weide zu durchbrechen und zu fliehen?

Sie hat gelernt, dass es wehtut, wenn sie die Grenze ihres Terrains berührt. Daher bleibt sie auf der sicheren Weide stehen, bis der Schlächter kommt. Dumm gelaufen oder besser gesagt, dumm gezögert.

Deine Angst ist im Grunde genommen nichts anderes als der kleine Stromschlag an der unsichtbaren Grenze deiner bekannten Weide. Wenn du ein großartiges Leben führen möchtest, musst du aus deiner Komfortzone heraus – und zwar immer wieder und sehr bewusst.

Der Preis ist die Meisterung deiner Angst.
Durchschaue das Spiel. Dein Leben war nie sicher.

Wir alle werden sterben.

Die Frage ist nur, ob du bis dahin gelangweilt Gras wiederkäust, gebannt auf deinen Weidezaun schaust und darüber nachdenkst, wie die Welt da draußen wohl aussieht, oder ob du die Grenze wieder und wieder lustvoll überschreitest.

Hinter dem Zaun warten das Abenteuer und eine Antwort auf die Frage: Wer bin ich wirklich?

Bist du bereit, dein altes Ich zu verlieren,
um dich zu finden?

Hast du dich je gefragt: »Wozu das alles?«

Gut so.

Frage weiter.

Bis dich *deine* Antwort findet.

Wozu das alles?

Womit verbringt der durchschnittliche Deutsche eigentlich sein Leben?

24 Jahre und 4 Monate schlafen wir,

7 Jahre arbeiten wir für den Lebensunterhalt,

5 Jahre und 6 Monate sehen wir fern,

5 Jahre essen wir,

2 Jahre und 10 Monate plaudern, tratschen und scherzen wir,

2 Jahre und 6 Monate verbringen wir im Auto,

2 Jahre und 2 Monate kochen wir oder schmieren Brote,

1 Jahr und 10 Monate lernen wir in Klassenzimmer und Hörsaal, machen Hausarbeiten und bilden uns fort,

1 Jahr und 7 Monate betätigen wir uns sportlich,

1 Jahr und 6 Monate kaufen wir ein,

16 Monate putzen wir die Wohnung,

12 Monate gehen wir ins Kino, Theater oder zu Konzerten,

9 Monate sind wir auf dem Weg zur Arbeit,

9 Monate waschen und bügeln wir,

9 Monate spielen wir mit unseren Kindern,

6 Monate sitzen wir auf der Toilette,

6 Monate stehen wir im Stau,

5 Monate renovieren und reparieren wir unsere Wohnung,

4 Monate spielen wir am Computer,

3 Monate nehmen wir an Vereinssitzungen teil,

3 Monate sitzen wir in Kneipen herum,

3 Monate verbringen wir beim Arzt,

10 Wochen betätigen wir uns als Hobbykünstler,

8 Wochen machen wir während der Arbeit Pause,

6 Wochen vergnügen wir uns beim Vorspiel,

2 Wochen beten wir,

2 Wochen küssen wir,

17 Tage jagen, fischen, sammeln wir,

16 Stunden erleben wir den sexuellen Höhepunkt.[15]

Jeder von uns macht sehr viel – jeden Tag.

Nun möchte ich dir dazu eine Frage stellen, die vielleicht etwas merkwürdig klingt …

---

[15] Carsten Jasner: »Die deutsche Lebensbilanz. Womit wir unsere Zeit verbringen; eine Abrechnung in Jahren, Monaten und Wochen«, in: Geo Wissen »*Zeit. Das ewige Rätsel*«, 36/2005, S.76.

Weißt du, *wofür* du das alles machst?

Kein Tun dieser Welt wird uns auf Dauer zufriedenstellen – egal, wie großartig es sich für eine Weile anfühlt. Alles, was wir in diesem Leben erobern können (und du darfst mir glauben, ich erobere gern!), ist vergänglich. Unsere Liebsten bekommen Falten und treten irgendwann ab. Die Erfolge von heute verblassen angesichts der Herausforderungen von morgen. Und spätestens, wenn du den Löffel abgibst, redet bald niemand mehr darüber, was du ge*macht* hast. Und selbst wenn, hast du nichts mehr davon.

Du kannst in diesem Leben noch so große Sandburgen errichten, irgendwann kommt eine Welle und schwemmt sie hinweg.

Vielleicht fragst du dich gerade: Will der Lindau mich jetzt deprimieren?

Nein! Ich möchte gemeinsam mit dir ausnüchtern, ankommen, aufwachen und genau hinschauen.

Warum stehen wir überhaupt noch auf, wenn wir doch nichts Dauerhaftes erschaffen können? Das ist eine verdammt wichtige Frage. Jeder tut gut daran, seine eigene, unerschütterliche Antwort darauf zu finden.

Wir sind keine Ziel-Erfüllungs-Maschinen, sondern Sinn-Wesen. Das Leben hat uns die Sehnsucht nach einem tieferen Sinn implantiert. Wir wurden designt, uns von diesem Sinn finden zu lassen und ihn durch unsere Taten zu feiern. Wenn uns die wahre Bedeutung unserer Reise durch dieses Leben verlorengeht, leiden wir. Denn ohne diesen tieferen Sinn hat nichts mehr wirklich Sinn.

In der Geomantie bezeichnet der Begriff Ley-Linie eine unsichtbare Kraftlinie, die meist geradlinig durch die Landschaft läuft. Sie wirkt impulsgebend und wachstumsfördernd für Lebensprozesse. Sie spendet Pflanzen, Tieren und Menschen Lebenskraft. Dort, wo sich solche Ley-Linien kreuzen, entstehen Kraftfelder. Alle Naturvölker dieser Erde wussten darum und haben auf diesen Kreuzungspunkten Kultplätze und Kathedralen errichtet.

Ich bin überzeugt davon, dass auch unsere individuellen Schicksale solchen Ley-Linien folgen. Ich glaube, sie sind die unsichtbaren Pfade unserer Bestimmung.

Entfernst du dich von deiner Ley-Linie, verblasst deine Lebensfreude, und nichts kann dich mehr wirklich entzücken. Dann fehlt dir die frische Kraft, den alltäglichen Herausforderungen mit Mut und Entschlossenheit zu begegnen.

Wandelst du aber auf deiner Ley-Linie, bist du unaufhaltbar. Du fällst vielleicht hin, doch du stehst schnell wieder auf. Selbst die schwierigste Hürde ist für dich bezwingbar, wenn sie auf dem Meridian deiner Kraft liegt. Zweifel und Frustrationen können dich nicht stoppen, du wirst wie durch einen unsichtbaren Magnetismus geführt.

Wie folgst du dieser unsichtbaren Ader deiner Lebenskraft? Indem du nicht einfach nur lebst – sondern dich vom Sinn deines Daseins entdecken lässt.

Was ist das Credo deines Lebens?
Was ist wirklich wesentlich für dich?

Folge diesen Fragen und du kommst mit deiner Ley-Linie in Kontakt. Es wird heißer und stiller zugleich.

Wofür brennst du? Der Sinn deines Lebens ist ein stetig brennendes, inneres Feuer, das dich jeden Morgen enthusiastisch aufstehen und voller Hingabe leben lässt. Und zwar auch dann, wenn du dich mal nicht so toll fühlst. Die tiefere Bedeutung deines Lebens zu kennen und ihr treu zu sein, speist dich mit einer Macht, die weit über deinen begrenzten Ich-Willen hinausgeht.

Der Sinn deines Lebens ist kein konkretes Ziel am Ende einer Wegstrecke. Kein erreichtes Ziel, sei es noch so groß, kann die Sehnsucht deiner Seele stillen. Denn deine Seele ist weit und tief wie das Meer. Der Sinn deines Lebens beschreibt nicht, was du am Ende der Straße erreichst, sondern WIE du diese Straße JETZT beschreitest. Er ist die Antwort auf die Frage:

Was beseelt mich JETZT?

Du kannst den Sinn deines Lebens nicht wie eine konkrete Aufgabe erfüllen und dann abhaken. Du kannst dich ihm nur in jedem Moment noch intensiver hingeben oder ihn noch ein wenig mehr verraten.

Menschen können Hunderten von Zielen hinterherjagen, ohne sich je die Frage zu stellen: »Warum will ich dieses Ziel überhaupt erreichen? Wofür ist es gut? Wie will ich mich auf dem Weg dahin fühlen?«

Jeder noch so hohe Wolkenkratzer fällt irgendwann wieder in sich zusammen. Seine Höhe ist völlig irrelevant. Spannend sind die Fragen: »*Warum* wurde er gebaut? Wie ging es seinen Erbauern während des Schaffungsprozesses? Haben sie sich durch dieses Werk besser verstehen gelernt? Was haben sie mit anderen Menschen währenddessen geteilt?«

Ziele sind dem Abrieb der Zeit unterworfen. Jede noch so große Errungenschaft verschwindet irgendwann wieder. Der Sinn eines Lebens aber entspringt dem Zeitlosen, dem Ewigen. Du kannst ihn spüren, ahnen, dich von ihm führen lassen. Es ist wie eine still leuchtende, uralte Glut, die dich immer noch von innen heraus wärmt, wenn im Außen alles schiefgeht.

In der Salutogenese[16] gilt das Erkennen eines Sinns in dem, was wir tun, als eine der drei Grundsäulen eines gesunden und glücklichen Lebens.

Wenn du dein Selbstwertgefühl vom Gelingen deiner Vorhaben abhängig machst, begibst du dich auf eine emotionale Achterbahnfahrt. Manchmal wirst du dich wie ein König fühlen und dann wieder wie der größte Versager. Der Sinn deines Lebens aber befreit und stabilisiert dich. Er schenkt dir das stille Zentrum inmitten eines jedes Sturmes.

Wer nicht selbst die Führung übernimmt, wird geführt. Geht dir der Sinn verloren, erlebst du dich wie vom Universum herumgeschubst. Scheinbar zufällig landest du immer wieder in Situationen, die dich denken lassen: »Wie bin ich hier gelandet? Was hat das alles mit mir zu tun?«

---

[16] Unter Salutogenese versteht man die Wissenschaft von der Entstehung und Erhaltung von Gesundheit. Die anderen beiden Säulen sind Verstehbarkeit (ich verstehe, was geschieht) und Handhabbarkeit (ich habe das Gefühl, ich kann die vor mir liegenden Herausforderungen meistern).

Ich begegne in meiner Beratungspraxis immer wieder Menschen, die in ihrem Job sehr erfolgreich und dennoch unglücklich sind. Im Getümmel der Welt haben sie das »Wofür?« aus den Augen verloren. Wenn deine Errungenschaften nicht auf deiner Ley-Linie liegen, schmecken sie schal. Egal, wie groß sie sind, sie stopfen nicht das Loch der Sinnlosigkeit.

Du kannst dir den Sinn deines Lebens nicht aussuchen. Du kannst dich mutig von ihm finden lassen. Er ist dein intimes Stelldichein mit dem Schicksal. Keine äußere Instanz kann dir sagen, wofür du lebst. Die Antwort wartet in dir.

Der persische Dichter Rumi schreibt:

> Werde sehenden Auges
> und verständigen Herzens
> […]
> Was besitzt du wirklich?
> Was hast du in diesem Leben gewonnen?
> Welche Perlen hast du ans Tageslicht gebracht
> aus den Tiefen des Meeres?
> Am Tag deines Sterbens
> werden deine körperlichen Sinne vergehen.
> Verfügst du über das spirituelle Licht,
> das dir dein Herz zu erleuchten vermag?
> Wenn in der Grube Staub deine Augen füllt,
> wird dann dein Grab lichthell strahlen?[17]
> […]

---

[17] Jelalladin Rumi: *Tanz meiner Seele. Mystische Texte*, Freiburg im Br. 2003, S. 7.

Am Ende deines Lebens ist nicht von Bedeutung, wie viele deiner Ziele du erreicht hast, wie erfolgreich du im Beruf warst, wie viele Kilos du abgenommen oder wie viel Geld du auf deinem Konto angesammelt hast. Was dann zählt, ist der tiefere Sinn, den du in diesen Aktivitäten gefunden hast. Du wirst vermutlich eine ganze Ecke entspannter loslassen können, wenn deine Stunden auf diesem Planeten mit Sinn durchdrungen waren.

Falls du zu den eher weltlich verankerten Menschen gehörst, die Fragen nach dem Sinn des Lebens gern milde lächelnd den »idealistischen Spinnern« überlassen, möchte ich dir augenzwinkernd zurufen:

»Bescheiß dich nicht selbst! Schau hinter deinen Schutzwall aus Zynismus.«

Ich habe die Ehre, scheinbar sehr unterschiedlichen Menschen sehr ehrlich und direkt begegnen zu dürfen. Eines habe ich dabei erkannt: Wenn wir nachts im Bett liegen und nicht schlafen können, sind wir alle gleich. Der Banker, die Werbefachfrau, der Esofritze und die Hausfrau, die Erfolgreichen und die Erfolglosen, die Armen und die Reichen.

In den stillen, nackten Stunden unseres Daseins werden wir alle von derselben Frage besucht:

Wozu das alles?
Sag du es mir!
Wofür bist du heute Morgen wirklich aufgestanden?

»Es gibt zwei großartige Tage im Leben eines Menschen:
Den Tag, an dem wir geboren wurden,
und den Tag, an dem wir entdecken, wofür.«
William Barclay

Freude ist das Geheimnis

Damit sind wir bei einer sehr spannenden Frage angelangt:

Wie erkennst du denn nun ganz konkret
den Sinn deines Lebens?

Viele Menschen machen es sich unnötig schwer, indem sie glauben, der Sinn ihres Lebens wäre mysteriös und extrem schwer zu entdecken. Nicht wenige setzen sich mit der Frage danach gewaltig unter Druck: »Oh je, was will das Universum nur von mir?« … man kann aus wirklich allem Schönen und Magischen eine verspannte deutsche Pflichtnummer machen. Manche haben eine eher narzisstische Ader und versuchen, das Universum unter Druck zu setzen nach dem Motto: »Es muss schon mindestens die Rettung der Welt sein!«

In unseren Seminaren führe ich manchmal eine sehr einfache Übung durch. Sie dauert nur zehn Minuten, doch am Ende weiß jeder Einzelne kristallklar, worin der Sinn seines Lebens besteht. Die Menschen sind danach oft glücklich und erstaunt, und über ihr Gesicht huscht die ungläubige Frage:

»Kann es so einfach sein?«

Ich frage dann gern zurück: »*Darf* es so einfach sein?«

Die Bedeutung eines Lebens entzieht sich unseren menschlichen Urteilen. Was wir als »groß« bewerten, muss noch lange nicht »wesentlich« sein. Sinn offenbart sich oft sehr still. Damit du ihn in dieser komplexen und schnelllebigen Welt nicht aus dem Herzen verlierst, hat dir das Leben ein untrügliches Signal mit auf den Weg gegeben. Es zeigt dir unbestechlich an, ob du das für dich Wesentliche gerade lebst oder nicht.

Es ist … deine natürliche Freude.

Sie signalisiert dir: »Hey, du! Ja, hier entlang. Du bist in der richtigen Richtung unterwegs!«

Dein authentischer Weg verläuft nicht immer bequem und bergab. Manchmal stürzt du oder rennst gegen Mauern. Du wirst dich hin und wieder katastrophal fühlen. Dennoch wirst du langfristig und unter all den oberflächlichen Steinen und Wurzeln von einer tiefen, beständigen Freude begleitet sein – denn es ist *dein* Weg.

Immer, wenn du dem Sinn deines Lebens Ausdruck verleihst, wirst du eine reine, klare Freude verspüren. Manchmal kommt sie sehr still und zart – fast zu überhören. Ein anderes Mal erfasst dich eine ungestüme Woge der Ekstase.

Wenn du dich in den Wegen und Werten anderer Menschen verrennst, trocknet deine Freude aus. Da nutzt dir ein gut gefülltes Bankkonto gar nichts. Wenn du nicht stehen bleibst und deinen Polarstern wiederfindest, wirst du dich innen immer leerer fühlen.

Die gute Nachricht ist: Du verfügst über ein zuverlässiges Leuchtfeuer in den Stürmen deines Lebens. Du kannst dich bei jeder Wahl fragen:

Bereitet mir dieser Schritt wirklich Freude?
Lächelt mein Herz?

Mathematik der Schöpfung

Gedanken beeinflussen Gefühle initiieren Handlungen manifestieren Resultate erschaffen Gedanken beeinflussen Gefühle initiieren Handlungen manifestieren Resultate erschaffen Gedanken beeinflussen Gefühle initiieren Handlungen manifestieren Resultate erschaffen Gedanken beeinflussen Gefühle initiieren Handlungen manifestieren Resultate …

Dein Leben = viele Resultate.

Kämpfe nicht gegen die Resultate – verändere dein Denken!

Erinnere dich: Es braucht genauso lange, einen kleinen, ängstlichen, langweiligen Gedanken zu denken, wie eine befreiende, große, alles verrückende Idee.

Was wählst du?

PS: Weißt du, dass nichts zu gut ist, um wahr zu sein?

Erfolg ist natürlich

Wenn du herausgefunden hast, wofür du wirklich lebst, kannst du dich um deinen Erfolg kümmern.

Bevor du die Augen verdrehst – ich schreibe hier nicht über jenes alte Klischee von Erfolg, das darin besteht, viel Kohle anzuhäufen, andere Menschen und dich dabei aus dem Auge zu verlieren und am Ende der Raserei festzustellen, dass es das ja wohl nicht gewesen sein kann!

Dass diese Art von Erfolg den Einzelnen nicht glücklich macht und auch unserer Art und dem Planeten auf Dauer schadet, dämmert immer mehr Menschen.

Dennoch halte ich ERFOLG für eine sehr wertvolle Tugend.

Erfolg ist für mich – ganz neutral – deine Fähigkeit, dein Potential optimal für deine Werte einzusetzen.

Denn was nutzt es dir, wenn du wunderschöne, hehre Visionen in dir trägst, aber unfähig bist, sie in die äußere, sichtbare Welt hinein zu manifestieren?

Würdest du dein Leben als ein
erfolgreiches Leben beschreiben?

Wenn ich meinen Klienten diese Frage stelle, bekomme ich manchmal skurrile Antworten:

1. »Ich bin zwar nicht im Außen erfolgreich, aber mein innerer Erfolg reicht mir.«

2. »Ich brauche keinen Erfolg. Ich will nur glücklich sein.«
3. »Ich will keinen Erfolg, denn Erfolg hat die Erde kaputt gemacht.«

Meiner Meinung nach liegen da einige grundlegende Missverständnisse vor, und das Wort Erfolg muss dafür büßen.

1. Für einen »Erfolg«, der sich in uns abspielt, sich aber nicht im Außen zeigt, gibt es noch ein anderes Wort: MINDFUCK.
2. Mir ist noch nie ein wirklich glücklicher Mensch begegnet, der nicht auch in der Außenwelt erfolgreich gewesen wäre.
3. Nicht Erfolg hat die Erde zerstört. Das war und ist menschliche Gier.

Ich muss hier so einen alten überstrapazierten Begriff wie Erfolg aus dem Hut zaubern und ein Plädoyer für ihn halten, weil viele Menschen durch die alten, egozentrischen Mutationen von Erfolg verletzt worden sind und unbewusst beschlossen haben: Dieses Werkzeug rühre ich selbst nicht an. Doch ein Arbeitsgerät ist nicht an sich schlecht oder böse, nur weil es von einem unbewussten Menschen nicht richtig eingesetzt wurde.

Erfolg ist ein sehr, sehr, sehr nützliches Werkzeug. Du brauchst es, um dein Leben in erfüllende Bahnen zu lenken. Und spätestens, wenn du dich aktiv an der Verbesserung unserer Welt beteiligen möchtest, nutzen dir deine Ideale alleine … ähm!… leider gar nichts! Wir brauchen mehr gutgesinnte Menschen, die bereit sind, ihre Werte nicht nur mit Gleichgesinnten zu be- und zerreden, sondern wirksam in die Welt zu tragen.

Wenn du behauptest, Erfolg wäre dir egal, glaube ich dir das nicht. Ich bin überzeugt davon, dass sich jeder von uns danach sehnt, erfolgreich zu sein. Und zwar in dem, was wir wirklich lieben und wertschätzen.

Erfolg ist die Kunst, dein schöpferisches Potential optimal für das einzusetzen, was du liebst.

Natürlich verkommt Erfolg zu einer schalen Nummer, wenn du versuchst, in etwas erfolgreich zu sein, was deinem Vater wichtig war, doch dich selbst überhaupt nicht berührt. Du vergeudest deine kreative Power, wenn du dich blind vom kollektiven Mainstream mitreißen lässt. Das passiert jedoch auch, wenn du dich in deinem Kämmerlein verkriechst und spirituell-philosophische Konzepte missbrauchst, um dir einzureden, dass du nicht an Erfolg interessiert seiest.

Eines der essentiellen menschlichen Bedürfnisse ist Wachstum – der Drang, sich auszudehnen und Neuland zu erobern. Wenn es stimmt, was die alten Mystiker sagen, dann sind wir unbegrenztes Bewusstsein, mittelfristig eingesperrt in einem sehr begrenzten Fleischklöpschen. Um unsere wahre Natur nicht zu vergessen, drängt unser Geist nach Entfaltung, Wachstum, Veränderung, Expansion. Wir möchten uns geistig erheben und in einer größeren Version unserer Selbst wiederfinden. Unsere Beziehungen, unsere Arbeit, unsere Kunstwerke sind Reflexionen unseres Selbstverständnisses in die Welt der Erscheinungen hinein.

Diese Sehnsucht ist so stark, doch viele Menschen erlauben sich nicht, sich ungebremst, offen und kraftvoll auszudrücken. Warum nicht?

Aus Angst, zu versagen,

aus Angst, von unserem wahren Weg abzukommen,

aus Angst, Fehler zu begehen,

aus Angst vor Enttäuschung

und aus Angst vor dem Urteil der anderen,

halten wir unsere schöpferische Energie zurück.

Ich weiß, wovon ich schreibe. Ich habe mich selbst viele Jahre meines Lebens schmerzhaft festgehalten. Diese Anspannung war in jedem Bereich meines Lebens zu spüren. Vielleicht fiel es Fremden nicht so auf, doch ich fühlte die Ketten tagtäglich – in meinen Gesten, meiner Stimme, meiner Wortwahl. Ich hielt mich in meinen Beziehungen zurück. Ich fuhr in der Arbeit, die ich so sehr liebte, nur mit halber Kraft. Natürlich spiegelte sich meine selbst auferlegte Beschränkung auch in sehr gedämpftem ökonomischen Erfolg wider.

Dabei lebte ich nicht schlecht. Ein durchschnittlich gutes Leben. Na ja, eben ok. Eigentlich hätte es reichen können, doch in der Tiefe war ich unzufrieden. Meine Segel waren nicht alle gesetzt. Das Boot kreuzte nicht draußen auf offenem Meer, sondern in einer sicheren Bucht. Mein Arsch hing nicht weit genug aus dem Fenster. Ich spielte mein Spiel, wie ein Mensch, der auf etwas wartet, und behielt die besten Trümpfe deshalb noch im Ärmel.

Ich war ein Mann, der seine Mission nur mit halber Kraft verfolgte. Ich roch den verbrannten Gummi der angezogenen Handbremse und wusste nicht, wie ich sie lösen konnte. Ich litt unter meinen Kompromissen, und meine Umgebung litt mit mir. Meine Liebsten bekamen die Anspannung täglich zu spüren. Ich war in dieser Zeit oft griesgrämig und unausstehlich.

Gute Freunde rieten mir damals, mich doch endlich mit dem zu bescheiden, was ich hatte. Doch ich wusste, dass etwas fehlt. Es ging im Kern nicht um die Anhäufung von materiellen Gütern. Es ging um mich. Es ging um das Spiel meines Lebens. Ich war ein Instrument, dessen Saiten noch nicht richtig gestimmt waren. Außerdem spielte ich die Musikstücke anderer und nicht das für mich bestimmte.

Kennst du dieses Gefühl? Lass dir niemals von anderen erzählen, wann du genug zu den Sternen gegriffen hast. Es sind oft die, die selbst zaudern und sich davor fürchten, dass du mit deiner Sehnsucht ihre kleine Welt infrage stellst. Es gibt niemanden, der für dich wissen kann, wann es reicht. Vielleicht bist du achtzig und gehst erst jetzt so richtig los.

Tritt immer wieder über diese unsichtbare Grenze zwischen möglich und unmöglich, bis dein Hunger gestillt ist und du dich erkannt hast.

Verschenke dich

Das größte Geschenk, das du uns allen machen kannst, ist dir zu erlauben, wirklich *Du* zu sein.

Die Welt, wir, alle warten auf Dich!

Zwei Tage nach meinem 38. Geburtstag hatte ich eine denkwürdige Begegnung. Sie veränderte meine Einstellung zu Erfolg so radikal, dass ich sie gern mit dir teilen möchte. Ich gehe dabei ein Risiko ein. Denn wenn du diese Story nur mit deinem Kopf liest, wirst du mich sicher für einen Spinner halten.[18]

Seit über zehn Jahren haben wir das große Glück, jedes Jahr für zwei bis drei Wochen auf einer kleinen Insel in der Karibik zu weilen und dort mit freien Delfinen zu schwimmen. Ich genieße immer jede einzelne Begegnung mit diesen faszinierenden Wesen, doch an diesem speziellen Tag, von dem ich schreibe, war es anders-anders.

Ich tauchte gerade ca. sechs Meter unter Wasser, als sich ein Delfin direkt vor meiner Nase aufbaute und begann, mit heftigen Klickgeräuschen mit mir zu kommunizieren. Natürlich verstand ich kein Wort, doch aus irgendeinem Grund nahm ich seine Ansprache sehr persönlich. Grundsätzlich bin ich kein Freund davon, Tiere zu mystifizieren oder zu anthropomorphisieren. Bis heute kann ich dir nicht erklären, was geschah. Auch weiß ich nicht, wie lange ich, völlig perplex, dieser »Ansprache« lauschte. Als mir die Luft ausging, kehrte ich an die Wasseroberfläche zurück.

---

[18] Ich kann damit gut leben. Denn vor diesem Ereignis hätte auch ich jeden für einen Spinner gehalten, der mir so etwas erzählt hätte.

Wieder auf dem Boot, begann ich am ganzen Körper zu zittern. Ich weinte zwei Stunden lang wie ein kleines Kind.

In diesen zwei Stunden erfuhr ich in meiner Seele, was ich zuvor nur in Büchern gelesen hatte: Ich wusste plötzlich ohne jeden Zweifel, dass mich die gesamte Existenz bedingungslos liebt. Ich verstand, dass es unmöglich ist, einen Fehler zu begehen, weil mein Leben und dein Leben eine perfekte Note in einer erhabenen, unbegreiflich schönen Symphonie spielen, die wir nur noch nicht in ihrer vollen Komposition erfassen.

Meine Tränen spülten einen uralten Schmerz an die Oberfläche. Ich fühlte, wie wir Menschen, Kinder der Erde, es uns oft unnötig schwer machen. Und ich verstand, was mich so viele Jahre ausgebremst hatte: Es war die tiefe Angst, nicht gut zu sein. Irgendwann – und letztendlich ist es wirklich scheißegal, wann es genau gewesen ist – hatte ich mein Urvertrauen in die Existenz verloren. Während ich mich hemmungslos ausheulte, spürte ich noch einmal die Jahrzehnte der Anspannung und das schmerzhafte Verbot von Lebensfreude.

Und dann? Ja, dann fiel diese Last von mir ab. Während das Boot langsam zurückfuhr, lösten sich meine eingebildeten Grenzen für eine gefühlte Ewigkeit in der Weite des Ozeans auf. Mein Spirit flog mit den Vögeln, ich tauchte mit den Delfinen, ich rannte mit den Gazellen, ich spürte das stille Wohlwollen der Bäume, die majestätische Ruhe der Berge. Mein Herz ging in einem einzigen, stillen Lachen auf.

Weißt du, ich bin wirklich kein Hippie oder besonders ausgeprägter Naturfreund. Doch in diesem Augenblick fühlte ich, dass die Erde ein Wesen ist und dass sie uns – egal, was wir tun – bedingungslos liebt. Ich wusste in diesem Augenblick absolut sicher: Die gesamte Existenz wartet darauf, dass der Mensch erwacht und sich selbst erkennt. Wir sind geboren, um uns voller Freude auszudrücken. Dieses Universum vibriert vor Ekstase. Es liebt dich und mich – genau so, wie wir sind. Jeder Stein, jede Pflanze, jedes Tier auf diesem Planeten warten darauf, dass wir am Jubelruf der Schöpfung teilnehmen und uns in Würde zu unserer wahren Größe emporschwingen.

Vielleicht hältst du mich für einen Narren. Warte einfach, bis es dich erwischt. Warte ab, bis deine Seele die Lücke in deinem Verstand findet und dich mit dem Licht deiner grenzenlosen Möglichkeit durchflutet. Du wirst still. Stiller als still. Und du verstehst, was Rumi, der persische Dichter, mit den Worten meint: »Wir haben dich geöffnet.«

Diese Erfahrung wünsche ich jedem Menschen aus ganzem Herzen. Seit diesem Tag ist etwas für mich entschieden anders. Das Licht und das Dunkle finden Frieden in mir. Mein Leben rennt nicht mehr vor sich selbst weg. Ich komme in mir an. Ich weiß jetzt, wie es sich anfühlt, wenn ein Mensch seine, wirklich *seine* Spur aufnimmt.

Ich liebe mich, wie ich bin, und vertraue meiner namenlosen und dennoch so klaren Bestimmung. Ich bejahe die Visionen, die mein Geist empfängt, und setze sie um. Ich vergleiche mein Schicksal nicht mehr mit dem eines anderen Menschen, sondern bleibe auf meiner eigenen kreativen Baustelle.

Fehler sind mir seitdem willkommen, denn ich vertraue dem Leben stärker als meiner Bewertung. Ich stehe nun wirklich gern vor Menschen und werde gern gesehen. Ich kümmere mich nicht mehr um Neider oder Menschen, die darauf hoffen, dass ich scheitere. Die Urteile der anderen über mich nehme ich als wertvolles Feedback, aber nicht mehr als richterliche Instanz.

Ich schaue anderen Menschen mit mehr Offenheit, Neugier und Mitgefühl bei ihren eigenen Abenteuern zu.

Ich lächle öfter, auch wenn es mich noch immer für einen kurzen Augenblick verwirrt, wenn mein Lächeln erwidert wird.

Ich sage Menschen, auch unbekannten wie dir, viel häufiger, dass ich sie wunderschön finde. Und es verletzt mich nicht, wenn das erst einmal auf Skepsis trifft.

Ich halte mich nicht mehr in meiner Wortwahl zurück. Wenn ich über das Gute, das Wahre und das Schöne sprechen möchte, dann tu ich es. Und wenn ich fluchen möchte, dann tu ich das genauso und genauso enthusiastisch. Denn alles, wirklich alles, kommt aus der *einen* Quelle.

Ich verbiege mich nicht mehr, nur weil ein anderer Mensch meine Größe nicht ertragen kann. Ich kann die Errungenschaften anderer Menschen viel mehr achten, denn ich gestehe mir selbst zu, in neue Dimensionen hineinzuwachsen.

Ich erlaube meiner manchmal wirklich großen Fresse auszusprechen, was sie zu sagen hat, und genieße genauso die leisen Momente.

Ich erzähle dir meine Geschichte, weil ich seit diesem Tag weiß, was Erfolg für mich bedeutet und ich dich dazu inspirieren möchte, dies für dich selbst neu und frisch herauszufinden. Erfolg ist für mich kein einzelnes, erreichbares Ziel mehr. Ziele sind ohne Zweifel wertvolle und wichtige Wegmarker. Es erotisiert mich, faszinierende Ziele anzugehen, mich an ihnen zu messen, in den heiklen Passagen aus dem alten Ich herauszuwachsen und natürlich so oft wie möglich das Ziel auch zu erreichen.

Doch der ultimative Kick liegt in einem *bewusst, mit allen Sinnen erfahrenen Weg*. Erfolg ist für mich ein Lebensstil geworden, beruhend auf dem Vertrauen, dass ich richtig bin. Ich weiß seit diesem Tag, wie es sich anfühlt, wenn ein Mensch die Bremse seines Schicksals löst, den Ruf bejaht und ihm folgt.

Erfolg ist dein Wirkungsgrad hier auf Erden.

Wie sehr gelingt es dir, dein wahres Wesen in jeder Situation deines Lebens auszudrücken?

Erfolg ist der Einklang deines Weges mit deinen wahren Werten, harmonisch eingebunden in die Sinfonie des ganzen Universums.

Ich kann nicht definieren, was Erfolg konkret für dich bedeutet. Das ist deine Aufgabe, und ich wage zu behaupten, deine Pflicht. Ich kann nur sagen, dass es zu spüren ist, wenn ein Mensch *seinen*, wirklich *seinen* Rhythmus gefunden hat.

Deshalb rufe ich dir zu: Höre auf, dir etwas vorzumachen. In den stillen, ungeschminkten Minuten deines Lebens – wenn du mit dir allein bist und niemand anderem etwas beweisen musst – spürst du sehr deutlich, ob du ein gutes, in deinem Sinne erfolgreiches Leben führst oder nicht.

Fürchte dich nicht, genau und ehrlich hinzuschauen. Egal, wie oft du bereits gegen Mauern gerannt oder in Löcher gefallen bist, steh wieder auf und erlaube dir, neu anzufangen. Immer wieder neu. Jedes Mal würdevoller, größer und freier. Kämpfe nicht dagegen an. Es ist deine Bestimmung immer weiter, tiefer, umfassender zu erwachen. Lass die Vergangenheit hinter dir.

Heute, immer wieder heute,
ist der Tag deiner Morgenröte.

Ein Tag, den du am Rande deiner Möglichkeiten segelst, bringt jede langweilige Hirnwichserei zum Stoppen.

Probiere mehr aus, anstatt Gründe zu sammeln, warum es nicht geht. Die Freude am Ausloten deiner Möglichkeiten lässt die peinlichen Momente verblassen. Dein eigenes Lied anzustimmen, egal, wie schräg und unvollkommen es klingt, entschädigt dein Herz für Jahre des stummen Zauderns.

Ich möchte dich vorwarnen: Wer einmal den Geschmack dieses befreiten Erfolgs gekostet hat, ist für das Mittelmaß für alle Zeiten versaut. Er ist vom Leben geöffnet und gevögelt worden.

Vergiss für eine Weile die Meinung deiner Freunde und die Bücher in deinem Regal. Lass deine Vorstellungen von *möglich* und *unmöglich* los. Nimm das Leben ganz, ganz persönlich – als DEIN Abenteuer.

Was musst du leben, um in Ruhe sterben zu können?

Wo ist es für dich an der Zeit, von der Bremse zu gehen?

Wenn du deinen Weg annimmst und in der für dich angemessenen Dynamik beschreitest, setzt das Ekstase frei.

Und fürchte dich nicht davor verloren zu gehen. Bewusst erfahrener Erfolg ist ein edler und intensiver Weg der Selbsterkenntnis. Eine Reise in das Herz aller Fragen:

Wer bin ich?

Erfolg ist immer und immer wieder eine neue Geburt.

Indem du dir gestattest, größer und freier darüber zu denken, wer du bist, was du kannst und was du der Welt zu geben hast, und bereit bist, dem konkrete Taten folgen zu lassen, bringst du eine freiere Version deines Selbst auf die Erde. Und das nicht nur einmal, sondern immer wieder.

Gutes Leben. Vitales Leben. Wildes Leben.

Geh von der Bremse, mein Freund, meine Freundin.

Das größte Geschenk, das du mit uns allen teilen kannst, bist DU. Du in deiner schönsten, kühnsten, liebevollsten Version.

Alles, was du immer wolltest, war,

einen echten Unterschied bewirken;

die Welt erobern;

wild und gefährlich leben;

dabei ein guter Mensch bleiben;

dich in dir sicher und geborgen fühlen;

wunderbare Freunde und einen Seelenpartner finden;

erleuchtet, lustvoll und liebevoll zugleich leben;

ein langes, spannendes Leben führen

...und, ja, reich sein, richtig reich sein, wäre auch nicht schlecht.

Stimmt's?

Warum nicht offen zu deinen Wünschen stehen
und dann schauen, was passiert?

Wo ziehst du die Grenze zwischen möglich und unmöglich?

Und bist du dir da so sicher?

Die Macht des Schicksals

Warum verwandeln manche Menschen jeden Misthaufen in Gold, während andere offenbar nie auf einen grünen Zweig kommen?

Warum gewinnen manche Menschen selbst in einer Krise, in der alle anderen verzweifeln?

Warum lieben manche Menschen Disziplin und andere hassen sie?

Warum verlieren manche Menschen ihre Freiheit, indem sie heiraten, und andere finden sie dadurch?

Warum beschreiben manche Menschen ihr körperliches Handicap als das größte Geschenk des Lebens und andere als die schlimmste Strafe Gottes?

Weil dein Schicksal nicht durch die Ereignisse bestimmt wird, sondern durch die Bedeutung, die DU ihnen gibst.

Wann findet diese Bewertung statt?

Jetzt.

Immer wieder jetzt.

Das alltägliche Wunder

Wenn du am heutigen Tag noch kein Wunder erfahren hast, schläfst du.

Wie geht es dir gerade?

Weißt du, dass heute dein Tag ist?

Spürst du, dass du ein gesegneter Glückspilz bist?

Oder bist du unzufrieden? Haderst du gerade mit bestimmten Umständen oder Situationen?

Wenn du denkst, dein Leben – jetzt gerade – sei hart, womit vergleichst du es dann?

Woran richtest du deine Messlatte aus?

Es ist alles eine Frage der Perspektive:

Wenn man die Weltbevölkerung auf ein 100 Seelen zählendes Dorf reduzieren und dabei die Proportionen aller auf der Erde lebenden Völker beibehalten würde, wäre dieses Dorf folgendermaßen zusammengesetzt:

61 der Bewohner kommen aus Asien, 13 aus Afrika, 12 aus Europa, 8 aus Südamerika, Zentralamerika (mit Mexiko und aus der Karibik) 5 aus Kanada und den Vereinigten Staaten, 1 aus Ozeanien (Australien, Neuseeland, Pazifikinseln).

50 Menschen in dem Dorf haben oft oder immer Hunger,
20 Menschen sind stark unterernährt,
nur 30 Menschen haben immer genug zu essen.

25 Menschen haben keinen Zugang zu sauberem Wasser,
40 Menschen haben keinen Zugang zu Sanitäreinrichtungen,
34 Menschen haben keinen Strom,
32 Menschen atmen ungesunde, verschmutze Luft ein.

Die reichsten 20 Personen haben mehr als 10 000 Euro im Jahr, die ärmsten 20 Personen weniger als 1 Euro am Tag.[19]

Wenn du heute Morgen aufgestanden bist und eher gesund als krank warst, hast du ein besseres Los gezogen als die Millionen Menschen, die die nächste Woche nicht mehr erleben werden.

Wenn du noch nie in der Gefahr einer Schlacht, in der Einsamkeit der Gefangenschaft, im Todeskampf der Folterung oder im Schraubstock des Hungers warst, geht es dir besser als 500 Millionen Menschen.

Wenn du zur Kirche gehen kannst, ohne Angst haben zu müssen bedroht, gefoltert oder getötet zu werden, hast du mehr Glück als drei Milliarden Menschen. Wenn du Essen im Kühlschrank, Kleider am Leib, ein Dach über dem Kopf und einen Platz zum Schlafen hast, bist du reicher als 75 % der Menschen dieser Erde.

Wenn du Geld auf der Bank, in deinem Portemonnaie oder im Sparschwein hast, gehörst du zu den privilegiertesten 8 % dieser Welt.

Du siehst: Es ist alles eine Frage der Perspektive.

---

[19] Alle Angaben stammen aus David J. Smiths und Shelagh Armstrongs Buch: *Wenn die Welt ein Dorf wäre … Ein Buch über die Völker der Erde*, Wien 2002.

Wenn du dieses Buch liest, bist du gleich doppelt beschenkt: Zum einen, weil du nicht zu den zwei Milliarden Menschen gehörst, die nicht lesen können, zum anderen, weil es mindestens zwei Menschen gibt, denen du wirklich wichtig bist.[20]

Dein Leben ist eine einzige Aneinanderreihung von Erfolgen und Wundern. Millionen von kleinen und großen, einfachen und hochkomplexen Abläufen funktionieren an jedem Tag deines Lebens korrekt und zuverlässig:

Du wachst morgens auf und bist von einem perfekt auf dich abgestimmten Gasgemisch umgeben. Du musst dich nicht bewusst entscheiden zu atmen, es geschieht von ganz allein.

Die Sonne befindet sich im idealen Abstand zu dir. Käme sie nur ein klein wenig näher, würdest du verbrennen. Wäre sie weiter weg, würdest du erfrieren.

Dein Körper ist ein Wunder, dessen Zusammenspiel kein Wissenschaftler umfassend erklären kann. Er besteht aus ca. 100 Billionen Zellen. Aneinandergereiht reichen sie vier Millionen Kilometer weit – oder hundertmal um die Erde.

In deiner Brust pumpt ein unglaublich starker Muskel konstant Blut durch deinen Leib. Wenn du ein durchschnittlich langes Leben führst, schlägt dein Herz vier Milliarden Mal für dich und bewegt dabei pro Tag 7000 Liter Blut – ohne dass du einmal bitte oder danke sagen müsstest.

Es ist alles eine Frage der Perspektive. Nimm das Wunder deiner Beziehungen: Unsere Schicksale sind zum Beispiel gerade

[20] Erstens: Du selbst, denn warum solltest du sonst dieses Buch lesen. Zweitens ich, denn ich schreibe dieses Buch für dich.

miteinander verbunden. Wie viele Zufälle waren nötig, um uns hier zusammenzuführen? Rein statistisch gesehen ist unsere Begegnung ein absoluter Glückstreffer.[21] In einem unendlichen Meer von Galaxien, auf einem kleinen, verletzbaren blauen Planeten unserer Milchstraße haben wir uns gefunden.

Ich sitze an meinem Schreibtisch und denke an dich. Ja, genau an dich! Ich stelle mir vor, wie du diese Zeilen liest. Gern würde ich jetzt Mäuschen spielen und sehen, ob mein Lächeln in diesem Augenblick bei dir ankommt und dich berührt. Ob es wie ein zarter Windhauch über deine Wangen streift und auch dich zum Lächeln bringt. Ich wünsche mir, dass du spürst, dass diese Zeilen wirklich für dich geschrieben worden sind. Fühle dich liebevoll von mir an deiner Nase gezogen!

Ich widme dir diesen Moment. Ich denke an dich und tippe dabei im stürmischen Zweifingersystem auf die Tasten meines Computers. Er übersetzt meine Gedanken in elektronische Signale, die demnächst durch die Pipeline des Internets rauschen und in einer Druckerei landen.

Es ist magisch, dass es eine Sprache gibt, die es uns beiden ermöglicht, jetzt miteinander zu kommunizieren. Während du auf diese Seite schaust, die aus nichts weiter als weißem Papier mit Druckerschwärze darauf besteht, landet das Spiel von Licht und Dunkel auf deinen ca. 132 Millionen Sehzellen, wird an 100 Milliarden Nervenzellen in deinem Hirn weitergeleitet, die aus diesen Signalen eine Bedeutung zusammensetzen. Als wie kostbar empfindest du deine Fähigkeit zu sehen?

Ich war heute bei meinem Friseur. Er erzählte mir von einer guten Freundin, die ein Baby ohne Augen zur Welt gebracht

---

[21] Ich hoffe, du siehst das auch so!

hat. Niemand hatte das zuvor geahnt. In einem einzigen Augenblick veränderte sich das Leben einer ganzen Familie radikal. Wann hast du dein Augenlicht, insofern du es hoffentlich besitzt, das letzte Mal als das Wunder gefeiert, das es ist? Falls du nicht sehen kannst, bin ich doppelt dankbar, dass diese Worte einen Weg zu dir gefunden haben.

Betrachte deine Hände. Es sind erstaunliche Gebilde, die es dir ermöglichen, Hunderte von Tätigkeiten elegant und spielerisch auszuführen. Du kannst damit kühle Steine, warme Erde, frische Früchte und zarte menschliche Haut berühren.

Ist dir bewusst, wie atemberaubend unwahrscheinlich es ist, dass du mit diesen Fähigkeiten gesegnet bist? Du bist fähig, Worte, die du liest oder hörst, in innere Bilder, Gefühle und Entscheidungen zu verwandeln. Das ist Schöpfung.

Ach, übrigens, während du dies liest, sterben mal so nebenbei in jeder einzelnen Sekunde ungefähr zehn Millionen Zellen deines Körpers, während zehn Millionen neue Zellen nicht nur entstehen, sondern sofort optimal eingearbeitet werden. Du hast keinen einzigen Gedanken daran verschwendet und bist nicht einmal ins Schwitzen gekommen.

Ganz zu schweigen von der eigentlich unvorstellbaren Tatsache, dass es dich so, wie du bist, überhaupt gibt. Weißt du, wie viele Menschen allein im Laufe der letzten 2000 Jahre überleben, kämpfen, sich finden und lieben mussten, damit gerade du dieses Buch lesen kannst?

Wenn du willst, stelle dir für einen Augenblick deine Ahnenkette vor. Viele tausend Menschen, deren Namen niemand mehr kennt und die dennoch verantwortlich dafür sind, dass du heute lebst. Kannst du ihren Lebenswillen, ihre Leidenschaft und ihre Erfahrung in deinem Rücken spüren?

Ich weiß nicht, wie du Zufälle deutest. Doch mir hilft es, wenn ich mich beim Jammern erwische, darüber nachzudenken, wie viele sogenannte Zufälle zusammenfallen mussten, damit ich genau so existiere, wie ich heute bin.

Nehmen wir nur den *einen* Sexakt deiner Eltern, bei dem du gezeugt wurdest. Dein Vater hat damals 100 bis 200 Millionen Spermien auf die Reise geschickt, und deines hat den Wettlauf gewonnen. Der erste Platz von 100 Millionen Teilnehmern! Deine Zeugung hatte eine Wahrscheinlichkeit von 1:100.000.000. Das ist unwahrscheinlicher als ein Sechser im Lotto – mit Zusatzzahl![22]

Doch in Wahrheit ist es noch viel eindrucksvoller. Deine Eltern hätten nicht den für dich alles entscheidenden Sex haben können, wenn *ihre* Spermien damals nicht auch das Rennen gemacht hätten. Ebenso deren Eltern, deine Großeltern, deine Urgroßeltern usw. Wenn du mathematisch veranlagt bist, kannst du dich kurz mit der absurd hohen Unwahrscheinlichkeit deiner Zeugung in einen Rauschzustand versetzen.

Es ist alles eine Frage der Perspektive. Du kannst jeden Morgen aufstehen und dich wie das letzte A... oder wie das größte Glückskind fühlen.

Dankbarkeit ist keine moralische Tugend, sie ist der intelligenteste Lebensstil, den ich kenne.

---

[22] Bezeichne dich doch, wenn du Lust hast, selbst einmal als evolutionären Sechser mit Zusatzzahl und spüre, was das mit dir macht.

Und wenn du sie noch mit einem Staunen über all diese unbegreiflichen Zusammenhänge versiehst, brauchst du nie wieder Drogen.

Ach, übrigens:
Dies ist gerade ein perfekter Augenblick.

Heute Morgen bist du, wie immer, an einem warmen und sicheren Ort aufgewacht. Du hast den gestrigen Tag überlebt – im Gegensatz zu den vielen Menschen, die bei einem Unfall oder aus anderen Gründen ums Leben gekommen sind.

Du hast ein Zuhause! Gut, vielleicht ist es keine Luxusvilla, aber es ist stabil und sicher. Du hast ein weiches Bett und eine schützende Decke. Irgendwo gibt es ein Kraftwerk, in dem viele Menschen täglich arbeiten, damit du das Licht anknipsen kannst (ganz abgesehen von dem Wunder, dass es so etwas wie Strom überhaupt gibt). Das Wasser, eines der bemerkenswertesten und mittlerweile kostbarsten Elemente des Lebens, fließt gleichmäßig aus deinem Wasserhahn, in genau der Menge, die du brauchst – je nach Wunsch heiß oder kalt. Es ist sauber und rein.

In deiner Küche warten (meistens) zahlreiche Lebensmittel auf dich. Viele Menschen, die du niemals treffen wirst, haben hart gearbeitet, um sie anzubauen, zu verarbeiten und zu dem Geschäft zu bringen, in dem du sie gekauft hast.

Ich könnte endlos fortfahren.

In jeder einzelnen Sekunde geschehen auf diesem Planeten Millionen von Wundern. Blumen öffnen ihre Blüten, ein Tautropfen perlt langsam von einem grünen Blatt, Flüsse strömen ins Meer, ein Delfin springt in die Höhe, eine Katze schnurrt um deine Beine, Wolken zaubern Traumbilder an den Himmel, Regen küsst dein Gesicht, Kinder spielen in einer Pfütze. Deine Hand berührt diese Seite.

Dieser Tag, dieser Augenblick – jetzt – wird so nie wieder kommen.

Wie willst du ihn erleben?

Verschlossen, grübelnd, klagend?

Offen, dankbar, schauend?

Es ist deine Wahl.

Wenn du wählst, alle Wunder der Schöpfung, die du seit heute Morgen erlebt hast, zu ignorieren und dich stattdessen auf die drei Sachen zu konzentrieren, die nicht nach deiner Vorstellung gelaufen sind, dann ist das deine freie Entscheidung.

Wenn du mich fragst, ist es nicht die intelligenteste.

Denn so verpasst du die Offenbarung, dass nämlich das gesamte Universum mit atemberaubender Effizienz, wohlwollender Zuverlässigkeit und einem unbegreiflichen Schuss Magie funktioniert.

Was, wenn du ein Glückskind bist?
Was, wenn dich das ganze Universum liebt?
Was, wenn du heute wählen würdest,
dankbar zurück zu lieben?

Ich weiß, dass du die für dich beste Wahl treffen wirst.
Denn du bist klug.

Du bist ein Wunder.

Erwarte ein Wunder.
Zu jeder Tageszeit. Unter allen Umständen.

Jetzt.

Nichtwissen

In unserer bekannten, sorgfältig abgezäunten Welt benutzen wir interne Landkarten, um uns zurechtzufinden. Wir lassen uns leiten von Glaubenssätzen, Paradigmen und Regeln. Unsere Vorstellungen von oben und unten und von richtig oder falsch helfen uns, unseren Alltag zu organisieren, unsere Brötchen zu verdienen und Milch im Supermarkt zu kaufen. Dafür sind Konzepte gut, und dafür verdienen sie unsere Achtung und Pflege.

Wenn wir aber dem Irrtum verfallen zu glauben, wir könnten mit ihrer Hilfe das Leben begreifen und die Deutungshoheit über dieses Universum gewinnen, werden wir leiden und Leiden verursachen. Denn egal, wie schlau und belesen du bist: Dein Kopf hat keinen Eintritt in das Mysterium.

Der Glaube, Recht zu haben, ist die gefährlichste und dümmste Illusion des menschlichen Verstandes. Er trennt uns innerhalb von Sekunden vom Rest der Welt, zerstört Beziehungen und zettelt Kriege an. Wenn aus unserer Besserwisserei nicht so viel Schaden entstehen würde, wäre sie schon wieder putzig. Denn unsere Wahrnehmung der Wirklichkeit ist tatsächlich aberwitzig begrenzt. Unser optischer Sinn nimmt zum Beispiel nur ca. 0,0003 % dessen wahr, was eigentlich zu sehen ist. Unsere Ohren hören nur 0,4 % aller Geräusche, unsere Nase riecht nur 0,01 % der ganzen Bandbreite an vorhandenen Gerüchen. Streng genommen stolpern wir also wie blinde Maulwürfe durchs Universum. Daher ist es eigentlich ein Wunder, dass wir beide überhaupt noch leben.

Das Tragisch-Komische daran ist, dass wir trotzdem glauben, alles gesehen, gehört, gespürt und gerochen zu haben. Wir sind von unserer Wahrheit so überzeugt, dass wir bereit sind, in ihrem Namen zu streiten, zu kämpfen und im Extremfall sogar zu töten.

Zu akzeptieren, dass wir physiologisch gar nicht dafür geschaffen sind, die gesamte Wirklichkeit zu erfassen, ist daher eine harte Nummer. Es erzeugt einen starken Konflikt in uns, denn von klein auf werden wir dazu erzogen zu wissen, zu urteilen und zu kontrollieren. Wir brauchen das Gefühl, zu verstehen, was läuft, sonst drehen wir durch. Also klammern wir uns an unsere Urteile von richtig und falsch, von gut und böse, oben und unten. Sie gaukeln uns Sicherheit und Kontrolle vor. Doch der Preis dafür ist verdammt hoch, denn unser Pseudo-Wissen schneidet uns vom Mysterium des Lebens ab.

Ein Beispiel: Wenn du frisch verliebt bist, staunst du. Unter dem Einfluss eines berauschenden Drogencocktails, den dein Gehirn für dich zurechtmixt, begegnest du dem anderen mit einem wahrhaft begeisterten Anfängergeist. Alles ist neu. Alles ist magisch. Nichts ist selbstverständlich, nichts ist vorbelastet. Jede Geste des anderen wird von dir in Zeitlupe und ohne Vorurteile wahrgenommen. Du siehst das Ohrläppchen deiner oder deines Auserwählten auf eine Weise an, die uns Außenstehenden fast schon debil vorkommt. Dir ist das egal. Du staunst. In Echtzeit. Der andere wird von dir als das erkannt, was er wirklich ist: ein unbegreifliches Wunder.

Dann, im Laufe einiger Wochen und Monate, lässt die Wirkung der Verliebtheitsdrogen nach. Der andere wird nicht mehr bestaunt. Er wird mehr und mehr als selbstverständlicher Bestandteil deines Alltags akzeptiert. Böse, böse Falle. Denn damit schaltet deine Wahrnehmung vom »Wow!«- auf den »Kenne ich!«-Modus um.

Was schätzt du, wie viel du bewusst von einem Menschen wahrnimmst, mit dem du zusammen bist? Zehn Prozent? Fünf Prozent? Ein Prozent?

Das ist immer noch sehr optimistisch gewettet. Tatsächlich haben Wissenschaftler berechnet, dass in jedem Augenblick ca. elf Millionen Bits (Einheiten) an Eindrücken von außen auf dich einströmen. Dein Nervensystem filtert jedoch einen Großteil der Informationen heraus. Um genau zu sein: 99,998 % der äußeren Realität bleiben auf der Strecke!

Das heißt, du nimmst nur ca. 0,002% der Gesamterscheinung des Menschen vor dir bewusst wahr.

Zur bildlichen Vorstellung dient die nächste Seite. Wenn die ganze Seite für die Gesamtheit eines menschlichen Wesens steht, dann ist der kleine Punkt (ungefähr in der Mitte) das, was du bewusst davon wahrnimmst.

Und, hast du den Punkt gefunden? Nein?

Geht auch nicht, er ist zu klein für deine Augen. Und genauso winzig ist der Bruchteil an Wirklichkeit, den du bewusst wahrnimmst.

Der Witz ist, dass dein Verstand aus diesen lächerlichen 0,002 % nach einer Weile trotzdem ein komplettes, relativ starres Bild vom anderen in dir formt.

Anstatt immer und immer wieder zu staunen und neue Facetten an diesem Wesen zu entdecken, wachst du eines Tages neben ihm auf und denkst, du wüsstest, wer da liegt. Genau in diesem Moment hast du den Kontakt zum Mysterium dieses Menschen verloren! Du beziehst dich nicht mehr auf das Wunder, welches du da real vor dir hast, sondern auf die Geschichte, die dein Verstand dir über es erzählt.

Deine Urteile über den anderen
werden zu seinem Gefängnis.

Du bist traurig, weil du denkst, der Zauber wäre verloren gegangen. In Wahrheit ist der andere immer noch ein atemberaubendes Wunder; allein der Schleier deiner Urteile trübt deine Wahrnehmung.

Das Traurigste ist, dass du nicht nur deine Mitmenschen in Schubladen presst, sondern an erster Stelle dich selbst. Ich sage meinen Klienten manchmal in einem scherzhaften Ton, dass das einzige Problem ihres Lebens auf ihrem Stuhl sitzt. Doch das ist leider kein Witz. Zwischen dir und einem besseren, aufregenderen, selbstbewussteren, liebevolleren, verrückteren Leben stehen keine Mauern, sondern deine Urteile über dich. Es sind DEINE Glaubenssätze, die dich versklaven.

Im Laufe deines Erziehungsprozesses hast du dir eine unbewusste Liste dazu angelegt,

… wer du bist und wer du auf gar keinen Fall bist,

… was du kannst und was nicht,

… wie du dich verhältst und wie nicht.

Diese Liste umfasst niemals die Wahrheit, sondern immer eine Beschränkung. Das, was du WIRKLICH bist, lässt sich nicht in Worte fassen. Kein Wunder, dass dein wahres, freies Selbst immer wieder gegen die selbst auferlegten Begrenzungen rebelliert. Wenn du in der Arroganz deines Pseudo-Wissens erstarrst, rüttelt dich dein wahres Selbst auf viele originelle Weisen wach.

Es sendet dir Streit, Krisen, Trennungen, Ehebrüche, Krankheiten, aberwitzige Zufälle und Unwahrscheinlichkeiten, um deine festgefahrenen Urteile in ihren Grundfesten zu erschüttern. Je mehr du auf deinem Rechthaben beharrst, desto langwieriger und schmerzhafter zieht sich der Prozess der Befreiung hin. Deshalb findest du in dem Buch *Ein Kurs in Wundern* die zentrale Frage:

»Willst du Recht haben oder glücklich sein?«

Wenn du klug bist, wartest du nicht ab, bis dich eine Krise heimsucht. Kultiviere freiwillig eine Haltung des offenen Staunens. Die Buddhisten sagen: Begegne der Welt mit einem Anfängergeist. Gewöhne dir an, die Welt, deine Mitmenschen und dich selbst staunend und nicht urteilend, nicht wissend zu betrachten.

Mir hilft der auch aus *Ein Kurs in Wundern* stammende Satz: *»Ich weiß nicht wirklich, was dies bedeutet«*, um mich in den Zustand des offenen Staunens zu versetzen. Schau deine Liebsten aufmerksam an, lass deine Urteile über sie bewusst los, und denke dabei: *»Ich weiß nicht, wer du bist. Lass mich dich heute neu entdecken.«*

Beobachte, was mit deinen Problemen geschieht, wenn du dir sagst: *»Ich weiß nicht, was diese Situation bedeutet, und ich muss es auch nicht wissen.«*

Lerne, die Phasen des Nichtwissens auszuhalten und sogar zu genießen. Das sind die Zeiten, in denen dich das Leben mit neuen Inspirationen befruchten und dich erneut mit dem Mysterium in Kontakt bringen kann.

Fürchte das Nichtwissen nicht, sondern entspanne dich darin. Nichtwissen bedeutet, deinem Geist und deiner Seele Zeit zum Inkubieren zu gewähren.

Der Zustand des Nichtwissens ist ein kostbarer »Still Point«. Er gleicht einem unsichtbaren Resetknopf. Damit werden normalerweise technische Geräte in ihren Ausgangszustand zurückversetzt. Dein Still Point ist die Lücke zwischen deinem letzten und dem nächsten Gedanken. Sie mag dir winzig klein erscheinen, doch sie ist das Tor in eine Welt der Magie und des demütigen Staunens. Am Anfang verweilst du vielleicht nur eine Sekunde in dieser unbegrenzten Weite. Doch Still Points können sich ausdehnen, je öfter du dich in sie hinein entspannst.

Probiere es gleich mal aus. JETZT zum Beispiel. Du kannst die rationale Bedeutung der Wörter, die du gerade auf diesem Blatt Papier liest, festhalten oder … du lässt los … und entspannst dich. Konzentriere dich für einen Augenblick nicht auf die Buchstaben, sondern das weiße, unbeschriebene Blatt dahinter. Atme etwas sanfter und tiefer ein und aus … und lass alle Gedanken ziehen. Gestatte dir für einen Augenblick, nicht wissen zu müssen, was irgendetwas bedeutet. Erlaube dir für einige kostbare Sekunden, nichts kontrollieren zu müssen. Die Welt, so wie du sie kennst, mal nicht zusammenhalten zu müssen. Nichts zu tun. Genieße es, einfach nur zu sein. Erlaube deinem Bewusstsein, sich auszudehnen … weicher …weiter … feiner … stiller zu werden. Für einen kurzen Augenblick musst du nichts tun … nichts kontrollieren … nichts beweisen.

Alles darf zur Ruhe kommen und in das Meer des Nichtdefinierten, des Nochnichtgeborenen eintauchen.

Wie fühlt sich das an?

Nichts.

Stille.

Weite.

Frei.

Aaah …

Keine Angst, das Meer der Stille spuckt dich auch wieder aus. Erfrischt, staunend, inspiriert, mit neuen Ideen geschwängert.

Nichtwissen ist Staunen. Nichtwissen ist Empfängnis. Die Welt durch den Filter deiner Konzepte zu erleben, ist wie Safer Sex mit der Existenz. Deine vorgefertigten Meinungen gleichen einem unsichtbaren Ganzkörperkondom. Es kann keine inspirierende Befruchtung stattfinden, solange du nicht bereit bist, für einen Augenblick alles, was du glaubst zu wissen, loszulassen. Wenn du bereit bist, dich auf das Abenteuer einzulassen, nichtwissend zu staunen, kann dich das Leben direkt und ohne Gummi vögeln. Und das wolltest du doch, oder?

Fang am besten gleich mit dem Staunen an.

Sieh dich jetzt einmal in deiner Umgebung um. Schau auf einzelne Objekte oder Menschen. Beobachte, wie sofort urteilende Gedanken in deinem Verstand aufsteigen.

»Ah, das ist ein Stuhl. Auf dem kann ich sitzen. Er hat einen Fleck. Ich muss ihn putzen.« »Ah, meine Ehefrau. Das ist die, mit der ich mich gestern gestritten habe. Sie versteht mich nicht.«

Kannst du wahrnehmen, dass mit jedem deiner *wissenden* Gedanken eine leichte Anspannung einhergeht? Nun schau dasselbe Objekt, denselben Menschen noch einmal an. Dieses Mal sehr offen und entspannt und denke:

»Ich weiß nicht, was das bedeutet.«

Erlaube dir für einen kurzen, köstlichen Moment, alle urteilende Anstrengung fallen zu lassen und dich im Nichtwissen auszuruhen.

Hier bist du frei.

Es macht Spaß, es zu sagen. Probiere es aus:
»Ich weiß es nicht und muss es auch nicht wissen.«

Wann hast du das letzte Mal
etwas zum ersten Mal getan?
Wann warst du das letzte Mal
von dir selbst so richtig überrascht?

Routine durchbrechen

Baff!

Hat dich das Leben heute schon mindestens einmal so richtig verblüfft?

Und wann hast du selbst deine Umgebung das letzte Mal überrascht?

Oder verläuft dein Dasein stets in vorhersehbaren Bahnen? Hast du dein Denken in Wiederholungsschlaufen festgefahren? Reagierst du in den Standardsituationen deines Alltags immer wieder auf eine ähnliche Weise?

Das wäre wirklich schade. Denn routinierte Muster machen dich für dich selbst und andere berechenbar. Damit lädst du deine Umgebung förmlich dazu ein, dir gegenüber auf Autopilot zu schalten. Du wirst nicht mehr aufmerksam wahrgenommen. Doch, noch viel schlimmer, du selbst schaltest auch auf Autopilot. Du funktionierst zwar noch, aber du lebst nicht mehr richtig.

In Wasser gelöstes Gefrierkonzentrat statt frisch gepresster Saft des Lebens.

Routine schwächt dich, denn durch sie wirst du nicht mehr wirklich gefordert. Routine verbirgt die Wunder, die dich umgeben, hinter einem Schleier aus Halbschlaf. Routine tötet jede deiner Beziehungen langsam, aber sicher ab.

Wann warst du das letzte Mal vom Scheitel bis zur Zehenspitze elektrisiert?

Stell dir ein aufregendes Date vor. Augenaufschläge, der Duft eines fremden Parfums, eine fast zufällige Berührung eurer Hände. Ausgang der Nacht? Alles offen …

Oder eine Nacht allein im Dschungel. Feucht, milchiges Mondlicht. Es knackt und knistert um dich herum.

Oder stell dir vor, ein Engel erscheint dir heute Nacht im Traum. Er kündigt an, dass einer der Menschen, die dir morgen begegnen, dir einen Tipp geben wird, mit dem du leicht und spielerisch eine Million Euro gewinnen kannst. Wie aufmerksam würdest du wohl jedem Gespräch lauschen?

Du kannst – das ist die gute Nachricht – jederzeit, auch in den scheinbar gewöhnlichsten Situationen deines Lebens in einen natürlich-staunenden Zustand zurückkehren. Entspannt und gleichzeitig hochgradig wach!

Durchbrich die Routineabläufe deines Alltags. Das zwingt deinen Verstand, von Autopilot auf Wachzustand zu schalten.

Carlos Castaneda schreibt dazu:

»Um ein Jäger zu sein, musst du die Routine deines Lebens unterbrechen. [….]Du hast die Gewohnheiten der Tiere in der Wüste beobachtet. Sie fressen und trinken an bestimmten Plätzen, sie bauen an bestimmten Plätzen ihr Nest, sie hinterlassen auf bestimmte Art ihre Spuren. Tatsächlich kann ein guter Jäger alles, was sie tun, vorhersehen oder rekonstruieren. […] Wir alle verhalten uns wie die Beute, der wir nachstellen. Das macht uns natürlich auch zur Beute für jemand oder etwas anderes. Nun muss ein Jäger, der all dies weiß, sich darum bemühen, nicht mehr selbst Beute zu sein.«[23]

---

[23] Carlos Castaneda: *Reise nach Ixtlan. Die Lehre des Don Juan,* Frankfurt a. M. 1976, S. 81 f.

Höre auf, dich in deinem Leben wie eine berechenbare Beute zu verhalten. Werde zum intelligenten Jäger. Verblüffe deine Mitmenschen und dich selbst. Durchkreuze die Muster deines Alltags. Geh auf einem neuen Weg zur Arbeit. Iss an unbekannten Plätzen. Kreiere ein neues Wort. Kleide dich anders. Stell dich auf den Kopf.

Im Folgenden findest du einige Anregungen zum Durchbrechen deiner Routine. Probiere sie aus und beobachte, was geschieht. Lass dich nicht von ihrer Einfachheit täuschen. Sie sind machtvolle Eisbrecher. Unter der dünnen Schicht deiner altbekannten Persönlichkeit schlummert eine wild-sanfte, lichtvoll-dunkle, schlicht-komplexe Gottheit mit tausend verschiedenen Köpfen. Spüre ihren Atem. Erwecke sie. Befreie ihre Magie aus dem Gefängnis der Routine.

Wie lange ist es her, dass du …

… allein einen Ort besucht hast, an dem du noch nie warst?

… etwas anonym verschenkt hast, was dir sehr wichtig war?

… an einem neuen Sport oder Spiel teilgenommen beziehungsweise ein neues Hobby ausprobiert hast?

… allein bei Nacht auf einem Friedhof spazieren warst?

… einen völlig neuen Fehler gemacht hast?

… Unterricht auf einem dir neuen Gebiet genommen hast?

… dir gestattet hast, in der Öffentlichkeit zu weinen?

… dich eine Stunde lang mit einem Menschen aus einer fremden Kultur wirklich auseinandergesetzt hast?

… dir gestattet hast zu lachen, bis der Bauch wehtat?

… mit einem anderen Menschen über eine intime, sexuelle Fantasie gesprochen hast?

… etwas instinktiv-unkontrolliert getan hast, ohne an die Konsequenzen zu denken?

… etwas getan hast, wovon niemand (einschließlich dir selbst) erwartet hat, dass du es tust?

… etwas getan hast, was sich für dich selbst saumäßig gut anfühlte, gegen den Rat von anderen?

… eine unpopuläre Meinung geäußert hast, auch angesichts einer ablehnenden Mehrheit?

… Kleidung getragen hast, die überhaupt nicht »deinem« Stil entspricht?

… in eine Pfütze gesprungen bist?

… dir vor Angst fast oder wirklich in die Hose geschissen hast?

Wie könntest du dich selbst und deine Umgebung heute noch überraschen?

Fehler sind natürlich

Wie oft hast du in deinem Leben schon gedacht: »Das kann ich nicht. Das schaffe ich nie!«?

Wenn du dir das erzählst, verarschst und verrätst du dich. Nur weil du ein paar Niederlagen kassiert hast, einige Male hingefallen bist oder die Lösung für dein Problem noch nicht kennst, willst du den Kopf in den Sand stecken und deine Träume aufgeben?

Sei kein Weichei! Und verkauf dich nicht unter deinem Wert. Du bist das bemerkenswerte Ergebnis einer Bewusstseinsentwicklung von Millionen von Jahren. Du hast Eiszeiten überlebt, Mammuts erlegt, das Feuer entdeckt, die Dampfmaschine entwickelt, und du bist zum Mond geflogen.

Vielleicht denkst du: »Aber das war doch nicht ich!« Vielleicht warst du es nicht persönlich, doch das waren deine Vorfahren. Ihr Lebenswille, ihre Erfahrungen, ihre Weisheit wirken in dir weiter. Die Frage ist: Trittst du dein Erbe würdevoll an oder lehnst du es feige ab?

Es ist Zeit, den Alptraum des Verlierers ein für alle Mal zu durchschauen. Vielleicht gehörst du auch zu jenen, die sich gern und viel zu oft mit anderen vergleichen. Vergleichen ist ein zweischneidiges Schwert. Sich mit anderen bewusst zu messen *kann* inspirieren. Doch es kann dich auch zutiefst entmutigen und schwächen. Denn natürlich findest du immer Menschen, die reicher, schneller, schlauer und überhaupt glücklicher scheinen als du. Wir tendieren dazu, die Erfolge der anderen überdeutlich zu sehen und ihre Versuche und Irrtümer auf ihrem Weg dahin auszublenden. Dann vergleichen wir dieses idealisierte Bild mit unserem realen Alltag und fühlen uns mies.

Wir stehen vor dem Haus unseres Lebens, und es kommt uns schäbig vor, weil es ein Stockwerk weniger hat als das des Nachbarn. Wir starren auf die eine Stelle an der Wand, an der ein Stein herausgefallen ist – und sehen nicht mehr das großartige, einzigartige Gebäude, das wir in all den Jahren bis hierher bereits errichtet haben. Wenn du dein Lebenswerk als minderwertig empfindest, vergleichst du es erst recht mit dem eines anderen. Doch das ist geistiges Gift! Du wirst niemals in seinen Schuhen wandern und er nicht in deinen. Es gibt keine absoluten Verlierer! Auch du hast in deinem Leben schon häufig auf dem Siegertreppchen gestanden. Nur hast du das meist als völlig selbstverständlich hingenommen. Du hast Laufen, Sprechen und Abstrahieren gelernt. Das sind Wunder! Du bist fähig, deinem Verstand Fragen vorzulegen und ihn nach der Lösung suchen zu lassen. Das ist ein Wunder! Du kannst Visionen einer unbekannten Zukunft kreieren und sie dann durch deine Taten manifestieren. Das ist Schöpfung! Du kannst immer weiter und noch viel mehr lernen, wenn du es nur möchtest!

Wir alle wurden als neugierige Genies geboren. Als Kinder verfügten wir über ein schier unbegrenztes Maß an Kreativität und Lernfähigkeit. Das Leben bestand für uns nicht aus komplizierten Problemen, sondern abenteuerlichen Herausforderungen.

Ein amerikanischer Wissenschaftler hat einmal beschrieben, wie er als Zweijähriger versucht hatte, eine Flasche Milch aus dem Kühlschrank zu nehmen. Die glitschige Flasche rutschte ihm aus den Händen, fiel hin, und der Inhalt ergoss sich auf dem Boden. Anstatt ihn zu bestrafen, lud seine Mutter ihn dazu ein, erst einmal herauszufinden, was man mit so einer gewaltigen Milchpfütze alles anstellen kann. Erst danach wischten sie gemeinsam alles auf. Nun half die Mutter dem Jungen, mit Hilfe einer mit Wasser gefüllten Flasche herauszufinden, wie er sie mit seinen kleinen Händen anfassen könnte, damit sie nicht herunterfiel. Der zukünftige Wissenschaftler erfuhr in diesem Augenblick, dass er keine Angst vor Fehlern zu haben brauchte. Auch wenn neue Experimente nicht funktionieren, kann man mit Freude Erkenntnisse daraus ziehen.[24]

Diese Geschichte hat mich tief berührt. Was wäre, wenn alle Kinder so lernen dürften?[25] Leider ist den meisten von uns dieser Entdeckergeist sehr früh regelrecht aberzogen worden. Unsere Fragen, unsere verrückten Einfälle und Experimente waren nicht erwünscht, und wir haben unsere Neugier gegen Anpassung eingetauscht.

Die Neurobiologen haben mittlerweile nachgewiesen, dass die Vernetzungsaktivität der Neuronen in unserem Gehirn immer weiter reduziert wird, wenn wir unseren Verstand nicht permanent freudvoll herausfordern. Auf den Punkt gebracht heißt das: Wenn wir aufhören, neue Dinge zu lernen, verblöden wir

---

[24] Die genaue Geschichte ist nachzulesen bei Jack Canfield, Mark Victor Hansen: *Noch mehr Hühnersuppe für die Seele. Geschichten, die das Herz erwärmen,* München 1997, S. 76f.

[25] Eine liebe Bekannte von mir durfte als Kind »Backen, was ich will« spielen. Das hieß, einfach alle möglichen Zutaten in beliebiger Menge miteinander vermischen, in den heißen Ofen schieben und gespannt abwarten, ob etwas Kuchenähnliches dabei herauskam.

mit zunehmendem Alter. Doch das braucht dich nicht zu deprimieren. Der geistige Schrumpfungsprozess lässt sich jederzeit stoppen und sogar wieder umkehren.

Ich möchte an der Stelle gern erläutern, was ich unter kreativer Intelligenz verstehe. In allem –Mineralien, Mikroorganismen, Pflanzen, Tieren und Menschen – wirkt eine evolutionäre Kraft der Natur. Es ist die Intelligenz des Lebens selbst, die in allen Formen nach einem immer komplexeren, bewussteren, effektiveren Ausdruck strebt. Diese kreative Intelligenz gehört niemandem, doch sie nutzt alles als Testfeld. Auch dich. Sie drückt sich in dir als körperliche, emotionale, intuitive, mentale und seelische Intelligenz aus.

Unterdrückst du über einen längeren Zeitraum einen ihrer Kanäle, zum Beispiel deine Gefühle oder neue »verrückende« Gedanken, dann zieht sich die schöpferische Energie langsam aber sicher aus deinem System zurück. Schnöde ausgedrückt: Du wirst für das Leben uninteressant. Es lernt nicht mehr genug auf deiner Baustelle der Evolution, deshalb setzt es dich auf Standby. Die Symptome: Dein Verstand schaltet auf Autopilot und kreist immer wieder in denselben, ausgelatschten Umlaufbahnen. Dein Verhalten wird monoton und vorhersehbar. Dein Blick wird trüb.[26] Deine Beziehungen beginnen dich und deine Mitmenschen zu langweilen, und schlafen ein.

Lässt du die kreative Intelligenz frei durch dein System fließen, äußert sie sich in Spontaneität, verrückten Einfällen, Erfindungen, Visionen, Kunstwerken, Selbstheilungsprozessen, sogenannten Wundern und Humor. Sie offenbart dir eine un-

[26] Glaub mir das nicht einfach, teste es! Da, wo viel Bewusstsein zuhause ist, leuchten die Augen, egal, wie alt der Körper ist.

erschöpfliche Quelle neuer Möglichkeiten. Sie kennt keinen Mangel. Sie kennt kein »*Unmöglich!*«, sondern nur ein »*Ich habe die Lösung noch nicht gefunden*«.

Es sind die üblichen Verdächtigen – Angst, Scham und Schuld –, die den Hahn zu unserem schöpferischen Kraftwerk abdrehen.

Wir *fürchten* uns vor den Konsequenzen unserer Fehler.

Wir *schämen* uns für vergangene Fehler.

Wir fühlen uns *schuldig*, weil wir glauben, wir hätten es besser können müssen.

Wie oft unterdrückst du spontane Impulse,
weil du ihr Ergebnis nicht vorhersehen kannst?

Aus Angst vor weiteren Fehlern töten wir unsere Neugier ab und agieren immer steifer. Wir fürchten, etwas Schmerzhaftes, Peinliches könnte uns passieren. Wir haben Angst, die Kontrolle zu verlieren oder von anderen Menschen für unsere Fehler angegriffen oder ausgelacht zu werden.

Erlaube dir für einen Augenblick die ganze, öde, lästige, erdrückende Last zu spüren, die mit deiner Angst vor Fehlern verbunden ist.

Dabei ist ein Fehler nichts weiter als eine vom menschlichen Geist ersonnene *Idee*. Die Natur kennt keine Fehler. Die Evolution auf unserem Planeten ist aus menschlicher Sicht eine mindestens drei Komma fünf Milliarden Jahre alte Kette aus Versuch-Misserfolg-Korrektur-Versuch-Misserfolg-Korrektur …

Wie viele Arten sind in dieser unvorstellbar langen Zeit gekommen und wieder verschwunden? Waren das alles Fehler? War der Komet, der das Aussterben der Dinosaurier auslöste, ein Fehler? War die Eiszeit ein Fehler? War es ein Fehler der Delfine, vor vielen Millionen Jahren wieder vom Land in den Ozean zurückzukehren?

Oder glaubst du immer noch daran, dass Gott dies alles in sieben Tagen aus dem Lehm gestampft hat? Dann musst du dich mit deiner im Vergleich dazu sehr hohen Fehlerquote und deinem langsamen Veränderungstempo natürlich mies und unvollkommen fühlen. Allein deswegen würde ich dir in diesem Fall empfehlen, dein Schöpfungsmodell zu überdenken.

Stell dir vor, die Natur würde in ähnlich schuld- und angstbehafteten Kategorien denken wie wir. Stell dir vor, sie hätte jedes Mal, wenn etwas »schief«lief, enttäuscht und verunsichert die Evolution für einige Jahrtausende angehalten. Glaubst du, du würdest jetzt hier sitzen und dieses Buch lesen, wenn sich die Evolution den Luxus von Schuldgefühlen leisten würde?

Wo in deinem Leben würdest du gern etwas Neues ausprobieren und tust es nicht, weil du dich vor Fehlern fürchtest?

Der Glaube an Fehler ist ein Virus, der unsere Vitalität schleichend, aber sicher lähmt. Wer dieses Virus in sich trägt, gibt es wie selbstverständlich an andere weiter. An seine Kinder, Partner und Freunde. Wir geben anderen die Schuld. Wir warnen sie vor Fehlern. Wir reden ihnen ihre »verrückten« Träume aus. Vor allem aber verbieten wir uns selbst, stetig und neugierig dazuzulernen und freudig etwas zu erschaffen.

Weißt du, ab wann ich keinen Spaß mehr am Malen hatte? Es war in der vierten Klasse, als ich eine Fünf bekam, weil ich in meine Sonne ein Gesicht gezeichnet hatte. Der Kommentar meiner Lehrerin: »Du bist nun alt genug, um zu wissen, dass Sonnen nicht grinsen können.«

Und dann gab es da noch den Deutschlehrer, der mir austreiben wollte, einen Satz mit »Und …« zu beginnen. Und ich muss Ihnen, lieber Herr W., leider sagen, dass es mir immer noch Freude bereitet, Sätze mit »Und …« zu beginnen. Es mag falsch im Sinne der Norm sein – doch für mich fühlt es sich gut an.

Als ich anfing, Seminare zu geben und Vorträge zu halten, orientierte ich mich extrem stark an meinen Lehrern. Ich wollte keine Fehler machen. Ich wollte übernehmen, was bei ihnen ja offensichtlich funktionierte. Das ist für den Start in einer Kunst okay und oft sogar hilfreich. Doch wenn du hier stehen bleibst, wirst du nie erfahren, wie *du* Violine spielst, wie *du* Kuchen backst, wie *du* Liebe machst ... Dein Leben wird ein Abklatsch anderer Leben sein. Irgendwann musst du (sinnbildlich) deine Lehrer und Vorbilder in dir töten und beginnen, deine ureigenen Fehler zu begehen.

So fing ich an, mit dem Stil meiner Präsentationen und Coachings zu experimentieren. Lauter, leiser, stiller, verrückter, im Stehen, im Sitzen, Themenwechsel ... Viele Experimente gingen nach hinten los. Manche waren peinlich. Andere funktionierten einfach nicht. Wieder andere fühlten sich, nachdem ich sie ausprobiert hatte, schräg und unpassend an. Einige wenige aber brachten den heißersehnten Durchbruch zu einer neuen Ära meiner Arbeit.

Auch wenn vieles nach hinten losgeht – ich bin nach jedem Experiment wieder einen Auslöser für unnötigen Mindfuck los. Anstatt Jahre darüber nachzudenken, was wäre wenn, machst du einfach die unmittelbare Erfahrung. Nicht wenige Menschen haben mir wie gesagt abgeraten, dieses Buch »SeelenGevögelt« zu nennen. Viele vernünftige Gründe sprachen gegen das Wort. Doch wenn ich auf sie gehört hätte, würde ich jetzt immer noch grübeln: »Wie wäre es gewesen, wenn ...?«

Ich habe nie versucht, Videos, Fotos oder Texte aus meinen frühen beruflichen Phasen, die noch immer irgendwo durch den virtuellen Äther des Internets geistern, zu finden und zu löschen. Manche davon sind grottenpeinlich. Doch warum soll ich anderen eine Perfektion vorgaukeln, die es in meinem Leben nicht gibt? Was ist schlimm daran, wenn wir uns voller Liebe und Humor als ewige Lernprozesse der Natur begreifen?

Auch heute noch genieße ich die Aufregung, wenn ich in einem Vortrag etwas Neues ausprobiere. »Bereit für einen neuen Fehler? Ja!« Erst bin ich aufgeregt, wie vor einer Jagd auf ein unbekanntes Tier. Unmittelbar vorher wird es still. Ich bin nun hellwach, denn ich stehe kurz davor, etwas zu tun, was ich noch nie in meinem Leben getan habe. Es ist aufregend, befreiend und regt den eigenen Lernprozess stark an. Kannst du diese Ekstase spüren? Hol sie dir!

Sehnst du dich nach einem spannenden, erfolgreichen und erfüllten Leben? Dann verrate ich dir eine Abkürzung:

Begehe in möglichst kurzer Zeit
auf eine möglichst bewusste Weise
möglichst viele Fehler.

Wohl gemerkt: Nicht dumm. Nicht sinnlos. Nicht egoistisch. Sondern bewusst, achtsam fühlend und schnell korrigierend.

Entspanne deinen Anspruch an Perfektion und Kontrolle.

Sorry! Aber du wirst nie am Anfang und nie am Ende der Messlatte stehen. Du bist nicht mehr und nicht weniger als ein kreativer Ausbruch des Lebens. Genieße ihn. Du bist ein einzigartiges Experiment des großen GEISTES. Lass nicht zu, dass die Evolution vorzeitig ihre erfahrungshungrigen Kräfte von deiner Baustelle abzieht, nur weil du keine Lust auf Abenteuer hast.

Lass die blöden Befürchtungen los, wegen denen du alles auf deine altbekannte Art machen willst.

Erobere Neuland. Begehe Fehler. Spiele.

Probiere Dinge aus, auf die du schon immer Lust hattest!

Ja, genau das, woran du gerade dachtest!

Denke auf eine dich wahrhaft verrückende Weise neu – um die Ecke – ekstatisch – lustvoll – farbenfroh – schräg – quer – gerade – größenwahnsinnig – inspirierend schön!

He, du! Angsthase oder Held? Wo hast du dich immer noch unter dem Deckmäntelchen von *»Ich würde ja gerne, aber ich kann nicht …«* verkrochen?

Was würdest du sofort noch ausprobieren, wenn du wüsstest, dass du nicht versagen kannst?

Sag den alten Gespenstern von Schuld, Scham, Krampf und Angst »Goodbye!«.

Spiele offensiv mit.

Du hast versagt? Du bist wieder einmal hingefallen? Na und? Lass das aufgeschürfte Knie schmerzen. Kotze richtig ab. Heul dich aus. Dann mach einen guten Witz über dich selbst, steh auf … und lauf weiter.

Willst du wissen, wie intelligent das Leben ist? Beobachte deine Wunde am Knie. Sieh, wie das Blut trocknet, wie sich Schorf bildet und wie die Wunde von alleine heilt. Dieselbe heilende, lernende Intelligenz nutzt deine Fehler, um stärker und smarter zu werden, wenn du sie einfach lässt.

Herzlich willkommen im Kreislauf der Schöpfung!

Gibt es in deinem Alltag unsichtbare Linien, die du nicht zu überqueren wagst?

Was würdest du gern einmal tun?
Wann ist der beste Zeitpunkt, um damit zu beginnen?
???

Krisen

Welcher Veränderungsprozess in deinem Leben bereitet dir Angst oder Stress?

Wo in deinem Leben erlebst du gerade die bedrohliche Enge einer alten Idee?

Welche individuelle oder globale Krise verfinstert dein Gemüt?

Stell dir einen Geburtskanal vor. Dunkel, schleimig, unerträglich eng. Keine Hinweisschilder, die auf das Ende des Tunnels hindeuten. Stell dir vor, ein Baby könnte in diesem Augenblick denken – so wie du. Welche Gedanken würden ihm kurz vor seiner Ankunft wohl durch den Kopf schießen?

Vielleicht ist nicht die Krise das Problem. Vielleicht hast du nur etwas missverstanden. Dein Leben hört nicht auf, wenn du auf die Welt gekommen bist – es fängt erst an.

Du wolltest ein Hinweisschild? Hier kommt es:

ACHTUNG! VIELE WEITERE GEBURTEN FOLGEN.

PS: Und wenn du im nächsten Tunnel bist, denk daran: Tief und sanft weiteratmen. Ohren weich anlegen und den Geist konzentriert auf das ausrichten, was du willst. Doch vor allem: Kämpfe nicht gegen die Wehen. Sie kommen, um dich zu befreien.

Titan der Evolution

Wenn du auf dein Leben zurückschaust, wirst du erkennen: Alles, was durch dich gemeistert werden konnte, hast du gemeistert. In allem, was für dich zu groß war, hattest du nie eine Chance.

Also, mach dir keine Sorgen, ob du alles schaffst. Gib dein Bestes und bleibe möglichst entspannt. Du hast einfach nur vergessen, wer du bist.

Du bist ein Titan der Evolution.

Scheiss drauf

Manchmal ist ein klares und kraftvolles »Scheiß drauf!« ein effektiverer Weg, mit deinen Selbstzweifeln und Gegenargumenten umzugehen, als sie wieder und wieder jammernd zu analysieren.

Selbstmitleid ist stinklangweilig.

Scheiß drauf!

Demut

Ist dir in deiner Kindheit auch antrainiert worden, bescheiden zu sein?

Ich habe irgendwann realisiert, dass mich das zu einem Heuchler werden ließ. Das Leben in mir ist nicht bescheiden. Es will alles. Wenn ich mir das eingestehe, entspannt es sich und muss nicht mehr alles haben. Paradox.

Demut und Bescheidenheit werden oft in einem Atemzug genannt, dabei sind sie grundverschieden.

Bescheidenheit ist eine ankonditionierte Beschränkung im Denken und Handeln.

Demut ist ein natürlicher Seinszustand, der sich von selbst einstellt, wenn du bereit bist, gelassen und nüchtern der fragilen, flüchtigen Winzigkeit deines Lebens zu begegnen. Ein freches Großmaul kann im Herzen zutiefst demütig sein, und im Herzen eines äußerlich bescheidenen Menschen kann sich ein arrogantes, rechthaberisches Arschloch verstecken.

Bescheidenheit bescheidet.

Demut befreit.

Schuld und Unschuld

Wenn du dich von Schuld befreist, bist du frei.
Frei für Verantwortung.

Es gibt eine gesetzliche Ebene von Schuld und Recht, die wir brauchen, damit eine Gesellschaft nicht im Chaos versinkt. Wenn ein Mensch einen anderen Menschen verletzt oder ihm etwas wegnimmt, ist eine Konsequenz nötig, die, wenn möglich, die Tat korrigiert oder zumindest sicherstellt, dass es nicht wieder geschieht. Wir brauchen Regeln, damit unser Zusammensein funktioniert. Ob nun gerade unser Strafsystem eine nachhaltig positive Wirkung hat, ist eine andere Frage. Doch darüber schreibe ich hier nicht. Ich möchte mit dir einen Augenblick in das emotionale und moralische Gewicht hineinspüren, das wir in das Konzept von Schuld oft hineinlegen.

Wir fühlen uns schuldig, wenn wir meinen, einen Fehler begangen zu haben. Dahinter steht der Gedanke: »Ich hätte anders, besser handeln müssen.« Hier sei als Erstes gefragt, ob dies wahr ist. Hättest du wirklich besser agieren können? Oder war damals einfach nicht mehr drin? Weil du nicht mehr wusstest, nicht mehr konntest? Zweitens: Diese lähmende Schuld entsteht ja durch den Gedanken, allein für das Geschehene verantwortlich gewesen zu sein. Doch stimmt das? Es hat etwas Verführerisches, die Dinge so zu vereinfachen. Genau sagen zu können, wer für was verantwortlich ist, schenkt dem ängstlichen Geist das Gefühl, das Leben zu verstehen. Aber bei näherem Hinschauen ist diese Simplifizierung nicht haltbar. Spätestens, wenn wir die Vergangenheit des Täters voller Mitgefühl erforschen – uns quasi in seine Schuhe stellen –, kommt die eindeutige Anklage ins Wanken. Es gibt keine linearen Ursache-Wirkungsketten. Alles bewirkt sich ständig gegenseitig. Führende Hirnforscher wie Gerhard Roth steuern dem heiße Fragen bei, die das Thema nicht einfacher machen: Wie viel Wahlmöglichkeit hat ein Mensch überhaupt und wie stark ist er von seinen neurobiologischen Konditionierungen abhängig?

Ich möchte das, was du in deinem Leben getan hast, nicht entschuldigen, und trotzdem lade ich dich ein, dich von der Last deiner Schuld zu befreien. Wenn du dich immer noch für einen Moment in deiner Vergangenheit schuldig fühlst, gibt es da noch etwas zu lernen, zu verstehen und zu vergeben. Dazu möchte ich dich von Herzen einladen. Denn das Gefühl der Schuld führt in den seltensten Fällen zu einer kraftvollen Korrektur. Es lähmt uns. Manche Menschen nehmen schon gar nicht mehr hundertprozentig am Spiel des Lebens teil, weil sie sich davor fürchten, sich schuldig zu machen. Oder sie fühlen sich bereits für etwas schuldig und bestrafen sich durch einen Mangel an Frohsinn. Schuldgefühle wiegen schwer. Sie können sich wie ein bleierner Mantel über unsere Lebensfreude legen und uns den Atem rauben.

Schuld fesselt uns an die Vergangenheit. Sie hält unseren Geist in immer wiederkehrenden Gedankenschlaufen gefangen: »Warum nur konnte ich nicht anders …?!« Wäre es nicht kraftvoller, den Schmerz über deinen Fehler zu fühlen, gleichzeitig aber zu erkennen, dass es in diesem Moment einfach nicht besser ging? Dadurch kannst du deinen Geist hierher in die Gegenwart befreien und ihn für die eigentlich spannende Frage öffnen:

Was schulde ich dem Leben jetzt? Was möchte und muss ich JETZT *einbringen? Was kann ich* JETZT *besser machen?*

Diese befreiende Sicht auf Schuld hat einen Haken. Wenn sie für dich gilt, muss sie für alle gelten. Das heißt, entweder du befreist alle Menschen von dieser Last oder du hängst auch mit drin. Bist du dafür bereit?

Wir benutzen den Vorwurf von Schuld nämlich gern, um in unseren Beziehungen Macht auszuüben. Wenn es uns gelingt, dem anderen zu vermitteln, dass er »schuld« an unserem Leid, unseren Gefühlen etc. sei, haben wir Macht über ihn. Vielen Kindern wird früh beigebracht, sich schuldig zu fühlen – für ihre Fehler, für ihr Lautsein, aber auch für die Gefühle ihrer Eltern. »Weil du unartig warst, ist Mami jetzt traurig.«

Vielen Menschen wurden in ihrer Kindheit subtil Schuldgefühle vermittelt, wenn sie nicht konformes Mittelmaß, sondern zu laut, zu wild, zu anders waren. Das Tragische daran ist: Obwohl wir selbst darunter gelitten haben, machen wir später oft genau dasselbe. Wir manipulieren unsere Liebsten, Freunde und Kinder mit Schuldgefühlen, um sie zu kontrollieren. Bist du bereit, darauf zu verzichten und die anderen aus diesem Kreislauf zu entlassen?

Denn wenn du jemand anderen für »schuldig« erklärst, hat dies seinen Preis. Du bindest dich an ihn und die Vergangenheit. Deine Gedanken kreisen immer wieder um den Moment in deiner Vergangenheit, in dem sich der andere anders hätte verhalten sollen. Hat er aber nicht! Was geschehen ist, ist geschehen.

Verstehe mich nicht falsch. Wenn dir ein Unrecht widerfahren ist, ist es emotional gesund, deinen ganzen Schmerz und auch deine Wut zu spüren. Auch geht es mir nicht um die Vermeidung von Konsequenzen. Sind rechtliche Konsequenzen angemessen? Dann lass sie folgen. Sind Veränderungen in deiner Beziehung zu diesem Menschen angemessen? Dann übernimm dafür die Verantwortung. Wenn eindeutig eine Grenze übertreten worden ist, dann sorge von deiner Seite aus dafür, dass dies nicht wieder geschehen kann.

Doch dann bleibe nicht in deiner Vergangenheit hängen. Dein Groll kann die Geschichte im Nachhinein nicht verändern. Er vergiftet lediglich dein Herz und bindet deinen Geist an die Verletzung. Du zwingst dich so, es immer wieder zu erleben, und wirst dadurch selbst zum Täter an dir.

Es ist wichtig, dass du dich irgendwann für das Thema Vergebung öffnest, denn sonst bleibst du ein Gefangener dieser Geschichte. Byron Katie hat sinngemäß einmal gesagt: »Es gibt nur drei Angelegenheiten: Deine, meine und die von Gott (oder des Lebens).«

Deine Angelegenheit dreht sich um die Fragen: Was hast du damit zu tun? Was kannst du daraus lernen? Was kannst du in Zukunft besser machen? Das allein ist dein Spielfeld. Halte dich nicht mit Schuldzuweisungen auf – weder an dich noch an andere. Lerne so schnell, so wirksam wie möglich, um in der nächsten Runde noch kraft- und freudvoller mitspielen zu können.

Wenn andere beteiligt sind, werden sie auf ihre Weise daraus lernen. Das ist ihre Angelegenheit. Interessanterweise lähmst du ihren Lernprozess durch deine emotionale Verdammung. Indem du für dich nüchtern Konsequenzen ziehst und dich selbst ins Reine mit dieser Geschichte bringst, lässt du auch diese Menschen los. Das konfrontiert sie mehr mit sich und den Folgen ihres Tuns. Vielleicht erkennen sie nicht das, was du erwartest und auch nicht in der Geschwindigkeit, die du dir wünschst. Aber so hart es zu akzeptieren ist: Es ist nicht dein Spielfeld. Das Leben dieses Menschen ist nicht deine Angelegenheit.

Ein mehrfach vorbestrafter Krimineller ging einmal schwerbewaffnet durch den Central Park in New York. Er plante gerade ein Gewaltverbrechen, als ein kleiner Hund mit einer Frisbeescheibe auf ihn zugerannt kam und ihn schwanzwedelnd aufforderte, mit ihm zu spielen. Der gerade noch sehr aggressive Mann brach in Tränen aus und ließ seine Waffen fallen.

Solche Augenblicke geschehen auf unserem Planeten noch immer viel, viel zu selten. Doch es gibt sie, und sie sind bedeutsam. Der kleine Hund war in diesem Moment offenbar fähig, durch all die Schichten der äußeren Schuld und des Ausgegrenztseins zu jenem inneren Raum in diesem Menschen vorzudringen, an dem er seine Unschuld spüren konnte.

Und dann gibt es das Leben. Egal, wie sehr du rebellierst, das Leben hat immer Recht. Die Dinge, die in deinem Leben geschehen, sind das Ergebnis eines ungeheuer komplexen Zusammenspiels von unendlich vielen Faktoren durch Raum und Zeit hindurch. Sie geschehen einfach. Einen einzigen Faktor herauszunehmen und für »schuldig« an allem zu erklären, gibt dir vielleicht kurzfristig das Gefühl, alles verstanden zu haben, doch tatsächlich macht es dich zum Narren. Was geschieht, geschieht. Leben hat immer Recht.

Heißt das, dass du dich ab jetzt dem Fatalismus hingeben sollst und wie ein passiver Schluck Gehirnflüssigkeit einfach mit dem mitschwimmen, was »halt so passiert«?

Nein. Indem du dich von der moralischen Last des Opfer-Täter-Schuldkomplexes befreist, bist du frei. Du bist frei von äußeren Schuldvorstellungen und kannst nun endlich deiner inneren Verantwortung gerecht werden.

Diese Verantwortung fragt nicht: »Wer ist schuldig? Wer hat etwas falsch gemacht?«, sondern:

Bin ich mit mir und dem Leben im Reinen?
Habe ich alles gegeben?
Geht es noch besser?
Was kann ich verändern?
Verleugne ich eine essentielle Sehnsucht?
Halte ich der Welt immer noch wertvolle Gaben
und Fähigkeiten vor???

Unser oberflächlicher Verstand kann solche Kompromisse gut rechtfertigen. Doch darunter, in unserem Herzen, haben wir ein feines Gespür für die Integrität unserer Seele. Wenn wir unsere wahre Natur, unsere tiefsten Werte verletzen, gehen wir auch eine Schuld ein. Nicht der Welt oder einem anderen Menschen gegenüber, sondern uns selbst.

Solch ein inneres Mahnen erniedrigt dich nicht. Es ermächtigt dich, wenn du ihm vertraust. Dies ist keine durch Pseudomoral vergiftete Schuld, sondern eine heilige verANTWORTung. Sie fordert dich heraus: »Schlafe nicht in diesem Kompromiss ein. Hör auf, dich für kleiner zu verkaufen als du bist. Da geht noch mehr!«

In unserer tiefsten Essenz sind wir alle unschuldig. Kein Gericht der Welt hat die Macht, den Stab über dir zu brechen. Doch du schuldest es dir selbst, so frei, so gut, so liebend, so wild, so sanft, so kühn und so wahr wie möglich auf das Leben zu antworten. Niemand auf dieser Welt kann dich von dem heiligen Versprechen entbinden, das du dir selbst gegeben hast.

Löse es ein.

Doch was ist, wenn du deine Flügel jetzt und hier immer noch nicht voll ausbreiten kannst, weil ein Gewicht auf deiner Seele lastet? Weil du dich immer noch für etwas schuldig fühlst, das du in deiner Vergangenheit getan hast?

Dann bitte um die Gnade der Vergebung.

Ich bin nicht der Meinung, dass ein Mensch religiös sein muss, um die Macht der Vergebung zu erfahren. Ich habe unglaubliche Szenen der Versöhnung unter Atheisten gesehen, derweil ich mich bei so manchem kirchlichen Würdenträger frage: »Wo spiegelt sich denn in deinem Gesicht die liebende Güte eures ersten Fackelträgers wider?«

Menschen sind unvollkommen. Ich, du, jeder. Vergebung ist keine einmalige Sache, sondern ein Lebensstil, der uns gestattet, in Frieden auf der Erde zu wandeln.

Ich habe einmal einen Spruch gelesen, der Jesus zugeschrieben wird:

»Egal, wie schlimm oder groß die Sünde ist, die du begangen hast, sie ist nur ein winziger Tropfen im Ozean meiner Liebe.«

Ich weiß nicht, ob Jesus gelebt hat. Doch wenn ich durch die Wälder streife und einen Baum berühre, wenn ich in die Augen eines Hundes schaue oder ein kleines Kind im Arm halte, dann weiß ich, dass es in der Natur des Lebens liegt, zu vergeben.

Immer wieder.

Bis es still wird.

Wir sind alle unschuldig, denn wir geben immer unser Bestes.

Wir sind alle schuldig, denn wir leben noch nicht
den Menschen, zu dem wir fähig wären.

Es ist noch nicht zu Ende.

Es geht noch besser.

Wir schulden uns selbst die Einlösung unseres Versprechens.

Lasst uns uns gegenseitig sanft daran erinnern.

Wo in deinem Leben hast du dir
Schuldgefühle einreden lassen, von denen du dich
nun verabschieden möchtest?

Wo in deinem Leben ist es an der Zeit,
etwas nüchtern zu korrigieren,
weil du dein eigenes Versprechen gebrochen hast?

Was ist deine freieste und würdevollste
Antwort auf das Leben?

Ehrlichkeit

Wenn du das nächste Mal Angst hast, voll und ganz zu deiner Wahrheit zu stehen, erinnere dich daran, dass du sterben wirst – und zwar allein.

Keiner der Menschen, vor denen du gekuscht und dich verbogen hast, wird dann bei dir sein und dir auf die Schulter klopfen, weil du so nett und angepasst gelebt hast.

Du wirst allein sein und dir für jede Sekunde deines Lebens, in der du dich verleugnet hast, vor Wut in den Hintern beißen.

Willst du das?

Ehrlichkeit hat nichts mit Moral zu tun.

Ehrlichkeit ist Freiheit.

Null Problemo

Das größte Problem, das du dir an Land ziehen kannst, ist der Wunsch nach einem problemlosen Leben.

Ich kenne viele Menschen, die hoffen, den magischen Lichtschalter zu finden: einmal angeknipst, bleibt ihr Leben dann für immer hell.

Wenn ich eine Million Euro habe …

Wenn ich meinen Seelengefährten finde …

Wenn ich erleuchtet bin …

dann sind all meine Probleme gelöst.

Guten Morgen!

Die einzigen Menschen, die keine Probleme mehr haben, sind tot.

Doch was ist eigentlich ein Problem?

Der Begriff kommt vom lateinischen Wort *Problema*, was so viel heißt wie: *das Vorgeworfene, die gestellte Frage, etwas, was zur Lösung vorgelegt wurde.*

Gab es je einen Tag, an dem du nichts zur Lösung vorgelegt bekamst? Leben bedeutet, ein Problem vorgesetzt zu bekommen, sich damit auseinanderzusetzen und es zu lösen. Nur um es unmittelbar darauf gegen ein neues, komplexeres Problem eingetauscht zu bekommen.

Allein, ohne einen Beziehungspartner zu leben, ist für viele Menschen ein schmerzhaftes Problem. Dann verlieben sie sich, ziehen zusammen und heiraten vielleicht sogar. Jetzt haben sie ein komplexeres Problem!

Wenig Geld zu haben ist ein nervendes, aber relativ einfach gestricktes Problem. Viel Geld zu haben, löst die Probleme deiner Armut, aber es erzeugt neue, vielschichtigere Probleme.

Dein Herz hat sich aus Angst oder Bitterkeit verschlossen? Ja, das ist ein echtes, trauriges Problem. Doch was ist, wenn sich dein Herz wieder öffnet? Nun fühlst du viel intensiver und erkennst dich in allen Menschen wieder. Plötzlich hast du nicht nur *dein* Problem – jetzt gehören die Probleme deiner Mitmenschen auch zu dir. Glaube mir, du wirst dir manchmal wünschen, wieder in einen gefühlloseren Zustand zurückzufallen.

Ob aus Weisheit oder purer Verzweiflung – finde dich damit ab:

Am Leben zu sein bedeutet, Probleme zu haben.

Yepp!

Das kleine Problemlexikon

Evolution ist eine spiralförmig angeordnete Kette von Problemen, deren Lösung bereits das nächste Problem nach sich zieht.

Süchte sind der Versuch, dein gegenwärtiges Problem zu leugnen.

Ernüchterung folgt der Erkenntnis, dass dein Problem nach jeder Verleugnung etwas nerviger zu dir zurückkehrt. Es liebt dich!

Freiheit erlangst du, wenn du die Tatsache akzeptierst, dass es keine Ich-steig-aus-allen-Problemen-aus-Option gibt. Dies ist der Wie-lerne-ich-Probleme-lieben-und-lösen-Planet.

Erfolg bedeutet, gezielt und schöpferisch zu beeinflussen, welches Problem du gern als Nächstes haben möchtest, falls du das aktuelle irgendwann gelöst hast.

Kreativität wird frei, wenn du deine Probleme in Herausforderungen umbenennst und sie nun verspielt statt verbissen angehst.

Liebe erlaubt dir, dein aktuelles Problem wirklich anzunehmen, und verwandelt es so in eine zwar noch immer bittere, aber heilsame Medizin.

Mystik lässt dich mit deinem Problem verschmelzen, bis nur noch Einheit erfahren wird. Das Problem, der Problembesitzer und der Betrachter von beiden werden als *eins* erkannt.

Erwachen offenbart dir einen Blick hinter die Bühne – da, wo deine Probleme nicht existieren.

Humor hilft dir, damit klarzukommen, wenn du wieder auf die Bühne musst und jetzt zwar weißt, dass dein Problem nicht existiert, es aber dennoch lösen musst.

Demut bedeutet, die Probleme, die in deiner evolutionären Pipeline auf dich warten, mit einer solchen Hingabe zu lösen, als ob die Rettung des gesamten Universums davon abhinge, und gleichzeitig zu wissen, dass das, was du tust, völlig irrelevant für das große Ganze ist.

Clever bist du, wenn du endlich zugibst, dass du immer weißt, was als Nächstes zu tun ist, um das gegenwärtige Problem zu lösen. Du musst die Lösung nicht umsetzen, du kannst dein gegenwärtiges Problem gern so lange festhalten, wie du möchtest. Doch das ganze Spiel bereitet wesentlich mehr Spaß, wenn du alle deine Probleme als selbst gewählt betrachtest. Denn dann hast du die Wahl.

Entweder du beginnst, dein gegenwärtiges Problem mehr zu achten und vielleicht sogar zu genießen, oder du löst es und suchst dir so ein neues Problem.

It's up to you!

PS: Übrigens, *Weisheit* bedeutet, nicht mehr von »Problemen«, sondern einfach nur von *Leben* zu sprechen.

Und zum Abschluss frage dich:
Wenn keiner da ist, der dein Problem ein Problem nennt,
existiert es dann noch?

Niederlagen

Für jedes weiße Pferd, das du reitest,
setzt sich irgendwo auf dieser Welt
auch ein schwarzes in Bewegung
... und umgekehrt.
Fürchte weder das Licht noch die Dunkelheit.
Umarme beides und finde Frieden.

Wie viele Niederlagen bist du bereit, würdevoll anzunehmen, um in dem, was du liebst, ein Meister zu werden?

Lässt du dich von Hindernissen und Rückschlägen nicht beirren oder gibst du schnell auf?

Wenn du ein Leben führen möchtest, das andere inspiriert, sei bereit, den Preis dafür zu zahlen. Riskiere mehr als andere. Höre auf, die Schrammen des Lebens zu vermeiden. Dreh den Spieß herum.

Anstatt vor Niederlagen fortzurennen, bleibe stehen. Öffne deine Arme, schärfe deine Sinne, gib dein Bestes. Und dann heiße willkommen, was immer auch geschieht. Dein Feind hat verloren, wenn er dir nichts mehr nehmen kann.

Deine sogenannten Niederlagen werden, wenn du sie akzeptierst, zu Hebammen deiner Evolution. Sie weiten dich. Sie schmieden dich. Sie trennen das Reine vom Falschen. Sie zeigen dir, wer du sein kannst, wenn du keine Angst vorm Fallen hast.

Niederlagen sind nichts weiter als die Prüfer deiner Entschlossenheit. Jede Schlappe fragt dich: »Wie wichtig ist es dir tatsächlich?«

Bist du wirklich entschlossen? Fühle den Schmerz, die Wut, die Enttäuschung, die Ohnmacht – aber nimm das alles nicht so furchtbar persönlich. Höre auf, dir leidzutun. Lecke deine Wunden, richte dich auf und setze den nächsten Schritt.

Warten & Hoffen

In welchen Bereichen deines Lebens hoffst du immer noch auf günstigere Bedingungen, um endlich richtig loszulegen?

Weißt du was? Steck dir deine Hoffnung in deinen süßen Hintern und fang einfach an.

Ist dir aufgefallen, wie gern Menschen ihr Leben auf einen imaginären, späteren Zeitpunkt verschieben?

Wir warten mit den guten Sachen auf das Wochenende, auf den Urlaub, auf die Rente …

Am Wochenende regnet es dann. Im Urlaub streiten wir uns, und pünktlich zum Beginn der Rente kriegen wir einen Herzinfarkt. Dumm gelaufen.

Hoffen ist eine alte und weit verbreitete Sucht des Menschen. In unserer Geschichte tauchen zum Beispiel immer wieder Endzeitdaten auf, an denen etwas besonders Schreckliches oder besonders Schönes geschehen soll. Das Jüngste Gericht. Die nächste Sonnenfinsternis. 1999. 2000. 2012. Wir blenden es keck aus, wenn die erhoffte Weltenwende wieder einmal nicht stattgefunden hat und stürzen uns schnell auf das nächste, alles verändernde Datum.

Immer geht es dabei um das Verschieben, das Nicht-Loslegen-Müssen, um Ausreden, Hoffen, Bangen auf ein Morgen. Wir halten jetzt und hier einen Teil unseres Lebens zurück und projizieren ihn in eine imaginäre Zukunft.

Was ist es bei dir? Worauf wartest du noch, um endlich richtig loszulegen und der Welt zu zeigen, wer du wirklich bist?

Auf den Lottogewinn?
Auf die Wunderheilung?
Auf mehr Zeit?
Auf die Rente?
Auf deinen Seelenpartner?
Auf den richtigen Zeitpunkt?
Und was, wenn er nie kommt?

Was, wenn du all diese imaginären Erlösungspunkte mit Absicht in deine Zukunft verlegt hast, um in deinem Leben, so wie es jetzt und hier ist, nicht ankommen zu müssen?

Hoffnung ist ein kostbares Überlebenselixier, wenn Menschen sehr verzweifelt und stark geschwächt sind. Doch trifft dies auf dich zu? Ich wage zu behaupten, dass du an einem anderen Punkt stehst. Wenn du dieses Buch bis hierher gelesen hast, bist du nicht verzweifelt genug, um dir Hoffnung leisten zu können. Du warst bis eben lediglich zu feige, jede Hoffnung aufzugeben und deine Heldenreise genau dort zu beginnen, wo du jetzt stehst. Höre auf, dir immer wieder den nächsten Schuss Hoffnung zu setzen. Schlaf nicht wieder ein.

Stell dir vor, du hättest heute erfahren, dass du nur noch eine Woche zu leben hast, wie würdest du an diesen sieben Morgen aufstehen?

Mit wem würdest du gern deine Zeit verbringen und mit wem ganz sicher nicht?

Wer sind die Menschen, denen du noch etwas sagen musst?

Was würdest du unbedingt noch tun wollen?

Und was würdest du lassen?

Worauf wartest du noch?

Deine Zeit ist jetzt. Alles, was du hast, bist du. Ein besseres Blatt bekommst du nicht. Wache auf und beginne das Spiel.

Wenn du etwas mit uns zu teilen hast, teile es heute.

PS: Falls du noch immer auf ein besonderes Zeichen wartest, um richtig loszulegen, hier ist es …

Zeichen!

»Ich ging in die Wälder, denn ich wollte wohlüberlegt leben;
intensiv leben wollte ich.

Das Mark des Lebens in mich aufsaugen,
um alles auszurotten, was nicht Leben war.

Damit ich nicht in der Todesstunde inne würde,
dass ich gar nicht gelebt hatte.«

Henry David Thoreau

Der Tod als Lehrmeister

Heute ist der 11. März 2011. Ich schreibe dieses Kapitel, während die Nachrichten Bilder von dem Erdbeben in Japan zeigen. Ich sehe, wie eine riesige Welle Menschen, Autos, Häuser und Boote hinwegspült, als wäre es Playmobil-Spielzeug. Als wenn dies nicht schon schrecklich genug wäre, kam vor einer Stunde die Nachricht von der Kernschmelze.

Scheiße.

Mein Herz weint. Ich denke an jene, die gerade einen geliebten Menschen verloren haben oder noch verlieren werden. Ich fühle mit denen, deren Existenz innerhalb weniger Minuten ausradiert wurde. Ich ahne die Welle von Angst, Schmerz und Ohnmacht, die gerade durch dieses Land rast.

Diese Bilder gehen gerade um die ganze Welt. Rütteln für einen Moment wach. Doch die Wahrheit ist: Das Leben ist jeden Tag erbarmungslos. Auch heute und morgen und übermorgen leiden und sterben Menschen. Überall. In den armen und den reichen Ländern. Wie gern lullen wir uns in dem Glauben ein, alles im Griff zu haben. Wie oft leben wir, als hätten wir ewig Zeit. Doch solange wir unsere Sterblichkeit leugnen, leben wir nicht wirklich.

Seit ich zurückdenken kann, ist der Tod der wichtigste Lehrmeister in meinem Leben. Als kleiner Junge lag ich nächtelang weinend im Bett und versuchte mir vorzustellen, wie es sein wird, wenn ich meine Eltern zum letzten Mal sehe, und wie es ist, selbst tot zu sein. Ich bin daran fast verrückt geworden, denn ich wollte in meiner Vorstellung ein Land betreten, in das kein Verstand Zutritt hat.

Als ich 13 war, zwangen mich meine Eltern, an der Beerdigung meiner Kindheitsfreundin Peggy teilzunehmen. Ich bin ihnen bis heute dankbar dafür. Peggy hatte zwei Jahre lang unglaublich mutig und stark mit ihrem Krebs gerungen. Vielleicht hältst du mich für ein Schwein: In dieser ganzen Zeit habe ich sie nicht ein einziges Mal besucht. Es war kein Desinteresse. Ich war ein Kind, komplett überfordert und schlichtweg zu feige, mich mit den schonungslosen Tatsachen zu konfrontieren. Ich wollte ihr amputiertes Bein und ihren kahlen Kopf nicht sehen. Als ich dann mit anschauen musste, wie ihr Sarg in der Erde verschwand, brach meine Verleugnung in sich zusammen.

Es war das erste Mal, dass ich bewusst realisierte, dass es Situationen gibt, die wir nicht rückgängig machen können. Der Verrat an meiner Freundin brannte sich tief in mein Herz. Ich fühlte die ohnmächtige Trauer darüber, einem geliebten Menschen etwas Wichtiges sagen zu wollen und es nicht mehr zu können, weil er für immer weg ist. Meine Spielkameradin fand vor ihrem Tod Frieden im christlichen Glauben. Doch ich stand vor ihrem Sarg und hatte keine Ahnung, ob dies das Ende ihrer Reise war oder nur ein neuer Abschnitt. In dem Augenblick wusste ich nur eines ganz sicher: Jede Erfahrung, jede Chance, jedes Abenteuer, alles, was ich noch erleben würde, war ihr vorenthalten.

Die Beerdigung meiner Freundin war der Tag, an dem ich zum ersten Mal den Tod als Mentor in meinem Leben empfing. Damals schwor ich mir, an allen entscheidenden Weggabelungen meines Lebens an diesen Moment zurückzudenken und dann die mutigste Wahl zu treffen. Seitdem lebe ich so frei, so vollständig und so vollendet wie möglich. Meine Sterblichkeit ist meine weiseste und kompromissloseste Beraterin. So verführerisch und logisch mir die Vorstellung erscheint, dass der physische Tod nur der Beginn einer neuen Etappe auf einer langen Reise ist – letztendlich weiß ich es nicht. Ich möchte mich nicht mit rosarot gefärbten, spirituellen Konzepten in eine trügerische Sicherheit flüchten. Ich möchte wach sein. Ich möchte den Tiger *jetzt* reiten und nicht auf eine Chance in einem nächsten Leben hoffen.

So schließe ich alle begonnenen Zyklen so sauber wie möglich ab. Ich bemühe mich, mit den Menschen, die ich liebe, in einem Zustand der Vollendung zu sein. Wenn einer meiner geliebten Reisegefährten stirbt, möchte ich nichts, aber auch gar nichts zurückgehalten haben. Wenn ich sterbe, möchte ich, dass meine Liebsten wissen, wie sehr ich sie geliebt habe.

Um jeden einzelnen Moment voll zu kriegen und zu kosten, musst du die Idee auf ein garantiertes Morgen loslassen. Es gibt keine Sicherheit. Es gibt nur JETZT.

In indianischen Kulturen existiert die Legende vom letzten Tanz. Sie erzählt, dass jeder von uns in den letzten Minuten seines Lebens noch einmal tanzen wird – und zwar mit seinem Tod. Dieser Tanz wird ausdrücken, wie wir gelebt haben, und unser Tod wird dann richten. Wird er mit dir feiern oder enttäuscht von dir sein?

Die Indianer glauben auch daran, dass ihr Tod seit ihrer Geburt unsichtbar auf ihrer linken Schulter sitzt. Von dort aus berät er sie in allen herausfordernden Situationen. Ich nutze dieses Bild gern in entscheidenden Momenten. Wenn ich an einer wesentlichen Kreuzung meines Lebens stehe, halte ich inne und kommuniziere mit meinem Tod. Ich stelle mir vor, wie ich in meiner letzten Stunde auf genau diesen Augenblick zurückschauen werde.

Wie werde ich diese Situation im Sterben interpretieren?

Was wird dann noch wertvoll sein?

Wie muss ich mich heute entscheiden, um in meinen letzten Minuten friedvoll und dankbar auf diesen Augenblick zurückschauen zu können?

Den Tod als deinen Mentor einzuladen, ist nicht morbide. Es ist die vitalste Entscheidung, die du treffen kannst. Die ungeschminkte Konfrontation mit deiner Sterblichkeit hilft dir, die mutigste Wahl zu treffen, ehrlich deine Meinung zu äußern, nach einem Streit zurückzugehen und dich wieder zu vertragen, unnütze Sorgen lächelnd loszulassen und die Kostbarkeit dieses Augenblicks zu genießen.

Lebe, so gut es dir möglich ist, in einem wahrhaftigen, vollendeten Zustand. Carlos Castaneda benutzte dafür in seinen Büchern den Begriff »makellos«. Ein makelloses Leben ist ein Leben in Würde und Entschlossenheit, frei von Bedauern.

Makellos bedeutet nicht fehlerlos. Begehe voller Neugierde viele Fehler, korrigiere schnell, genau und humorvoll, und verzeihe dir. Makellos zu leben heißt, dich deiner Angst vor dem Unbekannten zu stellen. Manchmal zeigt sie sich als Furcht vor dem Tod. Doch oft ist es nur die Angst vor dem nächsten Schritt. Zögernd stehst du am Rand deiner Komfortzone und weißt:

Noch ein Schritt, ein Wort, eine Handlung, und ich verlasse das Reich des Bekannten.

Hier, in deiner alltäglichen Begegnung mit der Angst vor dem Unbekannten, entscheidet sich, ob du wirklich lebst. Wirklich leben bedeutet, bewusst immer wieder kleine Tode zu sterben, deinen Arsch weit genug aus dem Fenster zu hängen, um den frischen Wind des Abenteuers zu spüren.

Es gibt einen körperlichen Tod, und der ist uns allen gewiss. Doch du solltest nicht das Verwesen deines physischen Leibes fürchten, sondern dein geistiges Sterben. Ich sehe Zwanzigjährige vergreisen und Achtzigjährige erblühen.

Du beginnst zu sterben, wenn du anfängst zu warten.

Es gibt Menschen, die warten, und es gibt Menschen, die leben. Du siehst es sofort. Ein Mensch, der wartet, schickt seine Seele ins Exil. Von hier aus sehnt sie sich danach, wieder zurückgerufen zu werden. Seelen wollen lieben. Seelen wollen brennen. Seelen wollen staunen.

Das Bemerkenswerteste an Beerdigungen oder Katastrophen wie in Japan sind für mich die Gespräche, die wir mit den Lebenden dann führen. Angesichts des Todes wissen wir plötzlich ganz genau, worum es wirklich geht.

Die Wahrheit ist: Du weißt es immer. Du weißt in jedem Augenblick, was wirklich wesentlich ist.

Du weißt, was du tun musst,

um in Frieden sterben zu können.

Du weißt, wem du noch zu vergeben hast, was du noch riskieren musst, wie tief du noch lieben musst, um am Ende dieser Reise mit einem stillen Lächeln loslassen zu können.

Du weißt es immer.

Die Frage ist: Lässt du deinen eigenen Tod so nah an dich herankommen, dass du dich nicht mehr dumm stellen kannst?

Deinen Tod jetzt und hier nüchtern zu begrüßen ist das Gegenteil von Todessehnsucht. Es ist ein Akt tiefsten Respekts vor dem Wunder deines Lebens.

Nutze diesen Tag, um dich auf deinen letzten Tanz vorzubereiten. Jenen Tanz, der alle Ausreden, Illusionen und Falschheiten verbrennen wird.

Ein Liebhaber des Lebens geht nicht unvorbereitet in diesen letzten Tanz.

Er trainiert jeden Tag –

mit dem Tod auf seiner linken Schulter.

Wisse, dass du stirbst.

Also beginne zu leben.

»Ich habe den guten Kampf gekämpft,
ich habe den Lauf vollendet,
ich habe den Glauben gehalten.«
(2.Timotheus 4,7)

Hingabe

Wir leben in einer Gesellschaft der unendlichen Möglichkeiten. Wir nennen es Freiheit und Reichtum, wenn wir uns zwischen fünfzig Urlaubszielen, zwanzig verschiedenen Varianten von Butter, zehn Projekten und fünf möglichen Liebespartnern entscheiden können. Wir legen großen Wert auf unser Einzelzimmer, um uns jederzeit zurückziehen zu können.

Doch macht uns diese schier unbegrenzte Wahlmöglichkeit wirklich frei? Oder kann sie auch zur Falle werden?

Wenn du auf Schallmauern triffst, wendest du dich ab und suchst woanders weiter. Wenn es zu heiß wird, springst du halbgar aus dem Ofen. Wenn es wehtut, legst du ein Trostpflaster drüber. Wenn du dich in deinen Wahlmöglichkeiten verirrst, wirst du deinem eigenen Leben gegenüber unverbindlich. Wenn du in deinen Gedanken und Handlungen auf vielen Hochzeiten tanzt, erschaffst du Mittelmaß. Wenn dir das reicht, fein.

Wenn du wissen willst, wer du wirklich bist, wie stark du bist, wie weit du gehen und wie tief du lieben kannst, musst du sterben.

Du musst für deine Wahl sterben.

Erst wenn es keine Option auf Rückzug, Abbrechen, Weichen oder Zaudern mehr gibt,

erst wenn du dich dem *einen* Projekt, der *einen* Beziehung, dem *einen* Sinn, dem *einen* Augenblick voll hingibst, kann sich deine Kreativität in *einem* Punkt sammeln, explodieren und einen neuen Stern gebären.

In welchem Bereich deines Lebens ist es Zeit, dich aus einer halbherzigen Geschichte zu verabschieden?

Wo ist es Zeit, dich voll einzulassen?

Das Ende der Kopf-Zensur

»Leck mich doch am Arsch!«

Wann hast du das letzte Mal aus vollem Herzen geflucht?

Darf man nicht? Macht man nicht?

Wer hat das gesagt? Wer ist »man«? Und stimmt es wirklich, dass Fluchen schädlich ist?

Du kannst in Liebe fluchen und in Hass höflich sein.

Alle meine Freunde und Klienten würde ich als gute Menschen bezeichnen. Viele von ihnen haben den Anspruch, diese Güte auch wirklich zu leben. Das ist toll. Aber wir erzeugen einen kräftezehrenden Konflikt in uns, wenn wir Konzepte über das Gute, Wahre und Schöne missbrauchen, um unseren eigenen Geist zu zensieren.

Wann hast du dir das letzte Mal erlaubt, genussvoll und entspannt wirklich alles zu denken und deine Gedanken dann auch auszusprechen? Keine Angst, der Himmel fällt dir nicht auf den Kopf. Es gibt keine Karma-Minuspunkte. Bewusstes Fluchen zum Beispiel ist kreativ und entspannt. Denn es lässt dich in jede Richtung freier denken. Gefährlich ist nicht, was wir denken – gefährlich sind die Gedanken, die wir unterdrücken.

Stell dir vor, unsere Kinder hätten jeden Tag zehn Minuten, in denen sie alle Autoritäten dieser Welt – Mama, Papa, Lehrer etc. – wüst und unzensiert beschimpfen könnten. Ja, und dann dürften auch Mama und Papa mal so richtig abkotzen. Am Ende gäbe es eine Auszeichnung für das fantasievollste Schimpfwort.

Jeden Tag, vom Arzt des Lebens verordnet: zehn Minuten kreatives, freies, unverblümtes Fluchen. Wie viel friedvoller, lebendiger und sehr wahrscheinlich freudvoller wären unsere Beziehungen?

Also scheiß doch ruhig mal sehr bewusst auf deine gute Erziehung.

Viel Freude beim lustvollen Fluchen!

PS: Und wenn du dadurch dein Gehirn gedehnt hast, fahre fort und brich weitere Tabus:

Erlaube dir bewusst auch die anderen, kleinen, hässlichen Gedanken, zum Beispiel Neid, Zweifel und Groll. Sie sind ja eh da und vergiften dich nur, wenn du sie unterdrückst.

Steh auch zu deinen Wünschen, selbst zu den verrückten. Denke sie. Teile sie mit Menschen, die dich mögen.

Gib deinen Fantasien und Träumen ein geistiges Feld, um sich zu zeigen und auszutoben …

Sprich deine Bitten an andere Menschen ehrlich aus.

Erfinde Worte, die es noch nicht gibt.

Und … rede regelmäßig laut, gut und anerkennend über dich. Bewusstes Lob ist gesund. Warte nicht darauf, dass es andere tun.

Free your mind!

Wahre Sicherheit

Wenn ich dich dazu ermutige, dich voll auf dein Leben einzulassen, meine ich damit nicht, es festzuhalten. Finde heraus, wer du bist, wenn alles geht.

Auch dieses Kapitel schreibe ich, während die Medien sich wegen Fukushima überschlagen. Mich zerreißt es fast. Ich befinde mich in einem der schönsten Hotels Europas, umgeben von vollkommener Ruhe und der Harmonie majestätischer, schneebedeckter Berggipfel.

Gern würde ich diesen Luxus einfach nur genießen, doch im Fernsehen reißen die Horrormeldungen über die Erdbeben-Tsunami-Atom-Katastrophe nicht ab. Meine Gefühle schwanken im Minutentakt zwischen Mitgefühl, Ohnmacht und – ja, ich gestehe es – einer fast verschämten Dankbarkeit für die Fülle und Geborgenheit, die ich hier erfahren darf.

Das Mysterium des Lebens offenbart sich aus der begrenzten Sicht eines sterblichen Menschen oft gnadenlos und unberechenbar. Hier wird ein Kind geboren, dort stirbt ein anderes an Hunger. Licht und Dunkelheit, Hoffnung und Verzweiflung, Güte und Grausamkeit, überbordender Reichtum und schlimmste Armut – alles im gleichen Augenblick vereint auf unserem kleinen Planeten.

Es ist nicht zu verstehen, und es lässt sich auch nicht beruhigend erklären. Es ist einfach schrecklich, was in Japan geschieht! Die dunkle Seite des Lebens ist immer furchteinflößend, nur verdrängen wir sie oft. Schmerzen, Krankheiten, Scheidungen, Streit, Missbrauch, Krieg und Sterben gehören dazu.

Nichts ist sicher.

Alles, was wir mit unseren Händen berühren können, kann uns im Bruchteil einer Sekunde genommen werden.

Was geboren wird, wird sterben.

Was du berührst, musst du wieder loslassen.

Was du gewinnst, verlierst du wieder.

Menschen kommen in dein Leben, und sie gehen.

Sandburgen werden errichtet und zerfallen.

Körper werden fett, bekommen Falten und werden zu Staub.

Nichts, was du in Worte fassen kannst, ist wirklich wahr.

Nichts ist fest. Nichts ist sicher.

Lenke dich nicht zu lange mit netten Spielen und lärmenden Gesten von der Leere in der Fülle ab. Schau hin! Stelle dich freiwillig auf den Scheiterhaufen der Illusion, und lass ihn brennen.

Lebe im Zustand der Vollendung. Greife voll zu und halte doch nichts fest. Lass dir alles jetzt schon im Geiste aus der Hand nehmen, damit du es voll genießen kannst.

Deine Vergangenheit ist weg. Höre auf, sie wiederzukäuen. Spuck sie aus. Lass sie los. Sei hier. Mach diesen Augenblick zum ruhigen Zentrum inmitten der Turbulenzen deines Lebens.

Zukunft wird nie sein. Wenn sie kommt, wird sie aus diesem kostbaren Moment bestehen, den du gerade erfährst.

Wenn Vergänglichkeit an deine Tür klopft – in Form eines finanziellen Verlustes, einer Krankheit oder den Falten deines Liebsten –, renne nicht weg. Öffne die Tür und heiße den Gast willkommen. Lass dich von ihm in der Kunst des Sterbens unterrichten.

Bewusst zu sterben ist das Gegenteil von Selbstmord. Es ist eine sehr mutige Wahl, dich hier und jetzt, entledigt aller Träumereien, mit der freien, besitzlosen Leere des Lebens zu vereinen.

Lass die Angst kommen. Wenn du die Welle der Angst bewusst aufsteigen lässt und nicht zappelst, bricht sie über dir zusammen, raubt dir vielleicht den Atem, doch dann … geht sie auch wieder. Sie kann nur Illusionen zerstören – nicht dich. Sie reißt unbarmherzig alles Unechte ein. Übrig bleibt ESSENZ – das von jedem Wandel Unberührte, das nie Geborene, die Stille.

Es gibt keine Sicherheit im Haben, doch es gibt diesen Augenblick im Sein.

Er ist frisch und in sich vollkommen. Er ist deine wahre Sicherheit.

Leben ist Geburt, Wandel und Zerstörung. Unfälle, Krisen, Krankheiten, Niederlagen, Falten … irgendwann erwischt es jeden von uns. Wenn das nächste Mal eine deiner Sandburgen von der Vergänglichkeit genommen wird, greif nicht sofort zum nächsten Ablenkungsmanöver, sondern lass es heiß werden. Und eiskalt. Verkrampfe nicht. Atme ruhig weiter. Egal, ob es real oder in deiner Vorstellungswelt geschieht: schau hin.

Wenn die Krise wieder vorbei ist, bau in Ruhe weiter an deiner Burg. Vielleicht etwas gelassener, mit einem stillen, wissenden Lächeln auf den Lippen.

Nichts ist sicher.

Das ist sicher.

Wo in deinem Alltag versuchst du noch verzweifelt zu kontrollieren, was nicht zu kontrollieren ist?

Was würde geschehen, wenn du aufhörst zu kämpfen?

Was wäre, wenn du loslässt?

Atme tief durch.

Öffne die verkrampfte Faust.

Lass das Ufer los. Werde zum Fluss.

Erinnere dich, Mensch: Du bist nicht nur hier, um ängstlich und besessen Sandburgen zu bauen, du hast ein Stelldichein mit der Wahrheit. Und die ist größer als alles, was du denken kannst.

Wenn alles gegangen ist, was bleibt übrig?

Kannst du mit dieser Frage sein, bis dich die eine Antwort findet, die dir Frieden bringt?

Schau der Nacktheit deiner Seele ins Antlitz, bis du eins mit ihr geworden bist.

»Wer ehrt die, die wir lieben,
durch das Leben, das wir führen?

Wer schickt Monster uns zu töten
und besingt gleichzeitig unsere Unsterblichkeit?

Wer lehrt uns, was real ist und wie man über Lügen lacht?

Wer entscheidet, warum wir leben
und wofür wir sterben?

Wer legt uns in Ketten?

Und wer besitzt den Schlüssel, der uns befreien kann?

Du allein, du hast alle Waffen, die du brauchst.

Jetzt kämpfe.«

Aus dem Film »Sucker Punch«

VERTRAUEN

»Kommt an den Rand des Abgrunds«, sagte er.
Sie sagten: »Wir haben Angst.«
»Kommt an den Rand des Abgrunds«, sagte er.
Sie kamen.
Er stieß sie.
Und sie flogen …
Guillaume Apollinaire

Vor kurzem bin ich in einem Interview gefragt worden: »Warum nennen Sie Ihr Institut Life Trust, wörtlich übersetzt Lebens-Vertrauen? Welche Botschaft verbirgt sich darin?«

Das ist ein Missverständnis. Ich habe keine Botschaft. Meine Frau hat keine Botschaft. Das Leben selbst ist die Botschaft. Wir alle sind lediglich die Boten.

Ich sitze gerade in unserem Garten. Der Tau glitzert auf den Blättern. Die Vögel, die mich fröhlich wachgerufen haben, kommen langsam zur Ruhe. Der rote Zauberkater liegt neben mir in seinem Sessel und atmet friedlich. Alles um mich herum spricht zu mir. Alles ist die Botschaft. Das Leben in mir und in dir ist die Botschaft.

Wenn wir das Wissen darum frei durch unseren Geist, unser Herz und unsere Lenden fließen lassen, vögelt es uns, bis unsere Augen in stiller, wissender Freude leuchten.

Wenn wir als unmittelbare und wache Botschafter des Lebens dienen, erfahren wir Vertrauen.

Vertrauen ist – im Gegensatz zu Glauben – eine Erfahrung.

Es resultiert nicht aus dem Denken, denn alles, was du denkst, ist erschütterbar. Vertrauen entsteht, wenn das Leben in dir unmittelbar sein und wirken darf. Dann führt und lehrt es dich auf einer zellulären Ebene. Du wirst mit dieser Intelligenz des Lebens so intim, kommst ihm näher als nah. Bis du irgendwann nur noch sagen kannst: »Ich weiß nicht, warum ich vertraue. Es ist einfach so.«

Wenn wir die Botschaft des Lebens vergessen, verraten oder sie im Kopf verkomplizieren, werden wir unsicher. Wir beginnen dann, in Büchern und Geschichten anderer nach ihr zu suchen. Wir dissoziieren uns vom unmittelbaren Kontakt mit dem Leben. Wir bauen uns im Elfenbeinturm unseres ängstlichen Geistes Theorien zurecht, die alles erklären und nichts bedeuten. Wir philosophieren über Gott, als hätten wir ihn persönlich getroffen.

Nach etlichen Jahren Therapie durfte ich erkennen, dass es nur *eine* Beziehung gibt, die ich heilen muss. Nicht die zu meinen Eltern. Nicht die zu meiner Frau. Und auch nicht die zu mir. Was ich heilen muss, ist meine Beziehung zur Existenz. Irgendwann, irgendwo, irgendwie – hatte ich auf meiner persönlichen Heldenreise das Vertrauen in die Existenz verloren und damit auch in mich und in dich.

Ein Hauptgebiet meines Lehrens ist Erfolg. Die Menschen, die zu mir kommen, suchen Erfolg in sehr verschiedenen Bereichen. Der eine möchte finanziell erfolgreich sein, der Nächste sein Business aufbauen und die Dritte endlich eine erfüllte Liebesbeziehung leben. So verschieden sich unsere Anliegen auf den ersten Anblick vielleicht präsentieren – tatsächlich suchen wir alle dasselbe: *existentielles* Vertrauen.

Wer vertraut, sucht nicht mehr. Er erfüllt den Moment.

Mit Vertrauen meine ich nicht deine Ansammlung an tiefen Überzeugungen, die dir erklären, wie alles ist und funktioniert. Jede Überzeugung hat ein zeitliches Verfallsdatum – egal, wie bombensicher sie dir im Augenblick erscheint.

Ich meine mit Vertrauen auch nicht deinen Glauben, deine Hoffnung, dass »es« (dein Leben, deine Beziehung, dein Beruf) schon gut gehen wird. Ich wünsche dir, dass es gut geht. Doch vor allem wünsche ich dir, dass dein Vertrauen immer noch da ist, wenn dein Glaube bis ins Mark erschüttert wird.

Ich schreibe von einem zellulären Vertrauen in jene universelle Intelligenz, die uns alle erschaffen hat. Therapie, Religion, Konzepte und Methoden sind die Trost-Anker. Ich möchte sie nicht infrage stellen, sie verdienen durchaus unsere Anerkennung als Rettungsring für gewisse Zeiten.

Doch tief im Innern fragen wir uns: *Ist das Leben radikal vertrauenswürdig?*

Vielleicht stellt sich nicht jeder Mensch diese Frage bewusst. Doch schau dir dein Leben einmal aus der Entfernung an. Beinhaltet nicht jeder einzelne Tag mindestens einen verborgenen Test, der – verkleidet als Frage, Entscheidung, anderer Mensch, brenzlige Situation – an dich herantritt und von dir wissen will: Vertraust du dem Leben vollständig?

Jeder von uns muss seine ehrliche Antwort darauf finden. Was andere Menschen zu diesem Thema denken, kann dich inspirieren. Du kannst Hunderte von Geschichten über die erfolgreichen Sprünge anderer vom Zehn-Meter-Turm studieren.

Ihre Berichte können dich neugierig machen. Doch wenn der Moment kommt, da du auf dem Sprungbrett deines Lebens stehst, nutzt dir kein Ratschlag mehr. Jetzt sind es deine Knie, die zittern, und es ist dein Herz, das bebt. Wenn du kurz davor stehst zu springen, treten die klugen Sprüche und Kommentare der anderen in den Hintergrund. Im letzten Moment wird es ganz still. Nun bist du allein. Nur du, das Leben und die Frage:

»Kann ich wirklich vertrauen?«

Um die Antwort zu finden und sie zur gelebten Antwort werden zu lassen, darfst du dich nicht an einem Glauben festhalten. Glaube ist eine hilfreiche Krücke – doch er ist im Ernstfall erschütterbar.

Vertrauen kannst du nur gewinnen, wenn du dem Leben direkt und verletzlich begegnest, ohne Hoffnung und Versicherung auf einen guten Ausgang. Vertrauen in das Leben beruht nicht auf der Anhäufung von Argumenten und Beweisen, dass es schon gut gehen wird. Es ist eine existentielle Wahl jenseits aller Gründe. Es ist die radikalste Wahl, die du treffen musst.

Menschen, die dieses tiefe Vertrauen gewählt haben, leben anders. Nicht sicherer, aber gelassener, sanfter, risikobereiter und stiller.

Vertrauen ist dein Entschluss, dich wieder mit dem Leben in dir zu vereinen. Wie damals als Kind, nur dieses Mal bewusst. Du kehrst erwachsen und reifer in dein Zuhause – die Einheit aller Dinge – zurück. Du lässt das Ufer deiner Vorbehalte los und vertraust dich dem Fluss an. Du wirst ein bewusster Teil des Stromes, eine aktive Strophe seines Liedes.

Indem du vertraust, wirst du zum Botschafter und bist die Botschaft. Du brauchst nicht darüber zu sprechen. Es sei denn, dies ist deine Aufgabe.

Andere werden es in deinen Augen, deinen Gesten und dem Klang deiner Stimme erkennen.

Sie werden sehen, hören und spüren:

Dass du ein Bote des Lebens bist.

Dass du geöffnet wurdest.

Dass du gesprungen bist.

Dass du angekommen bist im ewigen Fallen.

Sie werden kommen, und du wirst sie erinnern.

Das ist alles, was es zu Life Trust zu sagen gibt.

Life is the message.

In Life we trust.

Life Trust.

Was bedeutet es für dich, wirklich zu vertrauen?

Was willst du wirklich-wirklich?

Liebe Leserin, lieber Leser, unsere gemeinsame Zeit geht zu Ende.

Gestatte mir noch eine letzte Frage:

Was willst du wirklich?

Ich meine damit nicht die vielen kleinen und großen Wünsche, die uns alle tagtäglich beschäftigen.

Ich möchte von dir wissen,
was du *wirklich-wirklich* willst.

Wofür bist du heute Morgen aufgestanden?

Weshalb machst du das alles?

Was war zum Beispiel dein wirklicher, tiefster Grund, dieses Buch zu lesen?

Was suchst du, Mensch?

Die Existenz schaut auf dich und mich und fragt:
»Was wollt ihr wirklich-wirklich?«

Pures Überleben genügt nicht.
Wir sind auserkoren, die Sinnfrage zu stellen.
Jetzt und hier lauscht alles deiner Antwort.

Die Existenz liebt dich. Sie ist bereit, dir deinen heiligsten Wunsch zu erfüllen. Doch dafür muss sie wissen, was du wirklich-wirklich willst.

Gibt es eine Mission, die für dich heilig ist, weil deine Ganzwerdung damit verbunden ist?

Gibt es etwas, eine Sache, ein Wert, eine Erfahrung, wofür du im Ernstfall alles andere opfern würdest?

Kannst du diese EINE Sache spüren?

Bist du bereit, dich von ihr durchdringen, nehmen und führen zu lassen?

Das Leben interessiert sich nicht die Bohne für deine oberflächlich dahinplätschernden Gedankenwellen, deine »Ich sollte das …« und »Eigentlich will ich das …«

Es interessiert sich für dein innerstes Wollen.

Was ist deine tiefste Absicht?

Was ist dein Credo?

Was ist dein heiligster Wunsch?

Stell dir vor, du bist ein Gefäß. Leere dich für einen Moment von all den banalen menschlichen Ängsten, Vorlieben und Begehren. Und dann lass dich ganz füllen … mit deinem existentiellsten Anliegen, mit dem, wonach deine Seele dürstet.

Werde zu dem, wonach du dich sehnst.

Sei es.

Sei dein Gebet.

Leben ist die ultimative, uns bis ins Mark herausfordernde und gleichzeitig über alle Maßen beschenkende Geliebte. Wenn wir mit jeder Faser unseres Seins wissen, was wir wirklich-wirklich wollen, wird sie uns erfüllen.

Solange wir aber die Antwort noch nicht kennen, wird sie uns diese Unklarheit gnadenlos spüren lassen. Sie lässt uns so lange herumirren und anecken, bis wir mitten im Dschungel unserer Herausforderungen irgendwann stehen bleiben, alles niederlegen und uns endlich die Fragen aller Fragen stellen:

Was will ich wirklich hier?

Es ist niemals zu spät, uns auf die Suche nach der Antwort zu begeben. Wenn sie uns findet, wird sie unser leuchtendes Zentrum im Sturm des Lebens sein.

Uns von dieser Antwort finden zu lassen und sie dann zu erfüllen, so gut wir können, lässt uns, wenn der Zeitpunkt gekommen ist, in Frieden sterben.

Das Leben ist so kostbar und schnell vorbei.

Nimm es ganz persönlich.

Alles ist ein Test.

Alles prüft deine wahre Absicht.

Unter den trivialen und flüchtigen Befindlichkeiten deines kleinen Ichs lodert ein reiner, mächtiger Funke UNENDLICHKEIT in dir. DAS bist du und gleichzeitig so viel mehr. Wenn du herausfindest, wofür dein inneres Feuer brennt, vereint sich deine heilige, horizontale Sehnsucht mit dem vertikalen Willen der Evolution und dem Schweigen des Alls.

Deine Kraft und die des Universums werden eins im Mittelpunkt eines unsichtbaren Kreuzes.

Das Kreuz als Symbol ist wesentlich älter als das Christentum. Es steht nicht für Leiden, sondern für Befreiung. Es steht für den Menschensohn, der den Schlaf des kleinen Geistes abstreift und in seiner Würde erwacht. Wenn du das nächste Mal ein Kreuz siehst, schau genau hin, und du wirst einen Adler erkennen, der seine Flügel weit ausbreitet.

Wunder geschehen, wenn sich dein persönlicher Wille mit dem Willen des Ganzen vereint.

Denn dann wirst du durch eine unbegrenzte, freie Kraft gespeist. Sie wird dir zeigen, dass du immer zu mehr fähig bist, als du zu glauben vermagst.

Dieses Buch enthält viele Worte und birgt letztendlich doch nur eine einzige Frage an dich:

Was ist das Eine, das du wirklich willst,
mit jeder Faser deines Seins?

LebensVersprechen

Als ich begann, an diesem Buch zu arbeiten, hatte ich den Plan, berühmte Personen zu bitten, etwas dazu zu schreiben. Doch dann spürte ich, dass etwas daran nicht stimmte. Ich wollte für alle Menschen schreiben, für die ganz normalen Helden des Alltags. War es da nicht angemessener, *ihre* Stimmen in dieses Manifest des Lebens einzuladen?

Also sandte ich diese Frage in den Orbit:

»Stell dir vor, irgendwann sind die letzten zwanzig Minuten deines Lebens angebrochen, und du schaust noch einmal auf alles zurück. Wie müsstest du gelebt haben, was müsstest du erfahren, gefunden und realisiert haben, um aus vollstem Herzen sagen zu können: Dies war ein wirklich gut gelebtes Leben!«

Eine gute Idee. Allerdings hatte ich nicht mit einer so überwältigenden Anzahl an Antworten gerechnet. Über zweihundert Menschen sendeten uns ihre ehrlichen und berührenden Gedanken dazu zu. Hier möchte ich gern eine kleine Auswahl daraus veröffentlichen – mit dem Wunsch, dich anzuregen, *deine* Antwort auf die Frage zu finden:

Was ist ein wirklich gut gelebtes Leben?

Mein Leben wäre wie ein Raum gewesen, in dem alle Eingänge offen sind – mit Platz für die gesamte Welt.
(Matthias Jackel, 45)

Mein Dasein war vom Reichtum des Lebens erfüllt, mit allen seinen Höhen und Tiefen, den Momenten des Glücks und der Traurigkeit. Immer wieder öffnete sich eine Türe, so dunkel ein Augenblick auch erschien. Die Liebe schenkte mir Zuversicht und die Freiheit zu wissen, dass ich jenseits von beruflichem Erfolg und materiellem Besitz wertvoll und einzigartig bin.
(Alander)

Mein einziger Wunsch ist es, bevor ich gehe, noch einmal an einem Strand zu stehen, das Meer zu sehen und zu hören und vielleicht mit einem geliebten Menschen dort ein bisschen Zeit zu verbringen. Dann könnte ich sagen: Jetzt kann ich beruhigt gehen, ohne unerfüllte Sehnsüchte!
(Kristina Lukic, 36)

Aufrecht zu gehen ist für mich menschliche Eigenart. Ehrlichkeit. Fluchend oder feiernd, dem Herzensschlag folgen. Wahrhaftig zu mir. Dann werde ich sagen, ich war ein Mensch. Wirklich gut wird es, wenn ich so groß lebe und dabei niemand klein gemacht wird. Ich hinterlasse »lebendige Kinder«, und das wäre für mich ein volles Glück. Wenn die Welt dies weiß, dann wurde ich bemerkt, aber das bleibt besser ein nachrangiges Ziel.
(Felix Kostrzewa, 39)

Als ich vor vielen Jahren das Chanson »non, je ne regrette rien« von Edith Piaf hörte, da wusste ich, das ist es, was ich am Ende dieses Lebens gerne aus ganzem Herzen sagen möchte. »Nein, ich bereue nichts.« Egal, welche Dinge ich in meinem Leben auch entscheide oder tue. Aus allem werde ich etwas

gelernt, Freude erhalten und Weisheit gewonnen haben. Nein, ich bereue nichts, alles war richtig und wichtig so. Dann war es für mich ein wirklich gut gelebtes Leben.
(Gudrun Müller, 53)

Es bleiben Spuren: Ich lebe in meinen Kindern weiter – und es ist gut. Spuren in Menschen, die ich motivieren konnte, ihr Leben wieder selbst in die Hand zu nehmen, und die dieses Prinzip weitergeben. Spuren in vielen Menschen, denen ich mit Kleinigkeiten ein Lächeln aufs Gesicht zaubern konnte.
(Frank Offermann, 49)

Als ich knapp vier Jahre alt war, erhängte sich mein Vater vor meinen Augen, und das LICHT verschwand brutal aus meinem Leben. Dieses LICHT habe ich niemals vergessen – es bedeutet Lebendigkeit, Freude, Leichtigkeit, Sorglosigkeit, Spaß, Glück – und Liebe. Es bedeutet zurück von »einsam« zu GEMEINSAM. Ein erfülltes Leben? … zurück zum LICHT! Und so bin ich zurück auf dem Weg zu mir und damit zum LICHT.
(Ruth Zaspel, 45)

… wenn ich meine Seele in der tiefsten Dunkelheit und in den höchsten Höhen gefunden habe. Wenn ich IHR meinen Körper als Gefährt für IHRE Erfahrung gewidmet habe. Wenn ich IHRE Hand genommen und mich auf IHREN abenteuerlichen Weg begeben habe – mit zitternden Beinen und klopfendem Herzen. Wenn ich in stiller oder lauter Ekstase IHRE Hochzeit mit meinem Geist/Spirit erleben durfte – im Singen eines Liedes, im Tanzen, im Lieben.
(Joana L. Braun, 45)

Ich habe dieses Leben wirklich gut gelebt, wenn ich sagen kann: »Mein Körper genoss alles, was er liebte – so wie Natur pur, Pferderücken, Wasser, Nähe und leidenschaftlichen Sex – und schenkte selig anderen Leben und Verzückung. Und meine Seele verwirklichte ihr Potential, indem sie andere tief berührte.«
(Susanne Willkommen, 29)

Dankbarkeit zu kultivieren und diese mit einem ehrlichen Lächeln nach außen tragen. Ein Multiplikator für dieses Glück zu sein und meine Mitmenschen anstecken dürfen.
(Claudia Mai, 44)

Ich würde sagen »das war ein richtig gutes Leben«, wenn ich es geschafft hätte, die wahre Liebe zu finden und zu leben. Natürlich meine ich damit auch und vor allem die Liebe zu einem Partner in einer Beziehung, aber es bedeutet auch zu jedem Menschen (Tier, Pflanze ...). Die Liebe frei und vorbehaltlos fließen lassen zu können, ohne sich »komisch« zu fühlen.
(Caria, 45)

Mein Leben empfinde ich als wirklich gut, wenn alles, was ich tue, irgendwem (ich, du, er, sie, es, alle anderen, Tiere, Pflanzen, Umwelt, Welt, Kosmos, gute Laune) nützt und wenn ich dabei mit mir selbst im Reinen bin.
(Magdalena Zöllner, 19)

Erfüllt von grenzenloser Dankbarkeit über den unfassbaren mir geschenkten Reichtum. Mich glückselig liebend hingeben dem ewig Seienden. Jetzt.
(Carmen Hafner, 53)

Ich müsste nichts erfahren, gefunden, realisiert haben, um aus vollstem Herzen sagen zu können: Dies war ein wirklich gut gelebtes Leben! Ich erwerbe gerade so viel innere Substanz, erfahre im »Kleinen« so viel Glück und so viel authentische Begegnungen und Liebe ... dass, wenn ich in 20 Minuten stürbe, ich es vollkommen akzeptierte und ein Vulkan aus Liebe aus mir herausexplodieren würde. Dieses 100 % Sein! Ich habe lange gebraucht, von meinem eigenen Wachkoma bis hierhin.
(Unmani Kuchinsky, 49)

Ich bin jetzt fast 60 Jahre alt, und ich kann aus tiefster Überzeugung nur sagen: Es hat sich wirklich gelohnt, dieses Leben. »Niemand hat gesagt, dass es einfach ist, gut zu sein und ehrlich und ein Optimist«, singt Herman van Veen. Ja, einfach ist es nicht immer, dieses Leben, aber unendlich schön und reich und ein Fest. Das darf man nie vergessen. Danke!
(Brigitte Foerderer, 59)

Die Tage waren voller Leichtigkeit und doch auch mit Heimweh verbunden. Dieses Heimweh eines Lebens ist für mich das Heimweh nach sich selbst. Und wenn man ihm nachgibt, kehrt man, wie nach einer wunderbaren Reise wieder zurück, in diesem Fall letztendlich zu sich selbst.
(Eva Cires, 42)

Habe ich Spaß am Leben gehabt? Habe ich mehr nach meinen eigenen Regeln gelebt, als mir Regeln aufzwingen zu lassen? Habe ich mich (meist) an meine eigenen Regeln gehalten? Habe ich meinen Tanz in meinem Rhythmus getanzt? Habe ich geliebt? Wurde ich geliebt? Habe ich Sachen gemacht, vor denen

ich Angst hatte? Habe ich ab und zu Fehler gemacht? Habe ich die Welt ein wenig besser hinterlassen, als sie mir begegnet ist? Wenn ich alle, oder zumindest einen großen Teil dieser Fragen mit Ja beantworten kann, dann kann ich aus vollem Herzen sagen: Dies war ein gut gelebtes Leben!
(Rainer Arp, 55)

Ein Teil in mir freut sich, doch wehmütig fühle ich die wunderbaren Momente der Sinne, für die es sich gelohnt hat, das Spiel des Lebens im menschlichen Körper zu wagen: Sommerwind auf der Haut, Duft von frisch gemähtem Gras, Klang besonderer Musik, Genuss roter Weine, Küssen schöner Lippen, das zarte Berühren eines Babys. Das Wahrnehmen von Gesichtern und Schauen in ihre Augen. Um sich dort selbst zu erkennen. Das Ego flüstert gerade: Ein Porsche Cayenne wäre aber auch schön gewesen.
(Corinna Glockenmeier, 44)

Ein gut gelebtes Leben. Eine Heimat, die mich in Geborgenheit aufnimmt. Liebe – erfahrbar, ergreifbar, fließend und warm, hell und weit, laut und leise. Liebe, die Wunden heilt und Flügel wachsen lässt. Eingebundensein und Mitweben am Netz, das Alles umfasst. Herzen, die in meinem wohnen, Wohnungen für mein Herz. Spuren, die bezeugen, dass ich bin, war und immer sein werde. Ein kompromissloses JA, das alles umfasst – mein Dagewesensein und mein Gehen. Ein JA voller Begeisterung am Ende meines Lebens!
(Karin Ziemlich, 55)

Freude und Glück gehören ebenso dazu, wie Tränen und Krisen. Die Mischung aus allem hat mein Leben gut gemacht –

vor allem weil ich die Krisen als Chance genutzt habe und daran gewachsen bin. Mein Herz hüpft vor Freude, weil mich viele liebe Menschen in meinem Leben begleitet haben – allen voran meine Kinder, die ich ins Leben hinaus begleiten durfte. An dem Punkt, an dem ich bewusst anfing auszusäen, was ich ernten wollte, begann sich alles zu wandeln. Alles wurde leichter, und so breitet sich ein tiefes Gefühl der Dankbarkeit und Freude aus. Ja, es war ein gut gelebtes Leben!
(Iris Sedran)

Ich werde den Vogel beobachten und mich für ihn freuen, dass er fliegen kann. Ich möchte mich nicht damit beschäftigen, was gut oder schlecht war in meinem Leben. Wichtig ist für mich nur, dass ich mit dem gleichen reinen Herzen die Welt anschaue, wie ich es als kleines Kind getan habe, denn dann kann ich in Frieden gehen und weiß, dass es ein gutes Leben war.
(Anupama Christina Steiner, 41)

Da ich einen sehr schwierigen Start hier auf dieser Erde hatte (ungewollt, ungeliebt, abgegeben, mehrere Jahre sexuell und emotional missbraucht), bin ich froh, heute so zu sein, wie ich bin und mich immer mehr zu mir selbst zu entwickeln, auf einem bewusst gewählten Weg. In meinem Tempo voranzuschreiten, und letztlich zu lieben. Die Erfahrung weiterzugeben, dass das Leben schön sein kann, wenn man es lässt.
(Beate Bottermann)

Wenn es so weit ist, dass ich diese Welt und meinen Körper verlassen werde, möchte ich eine Meisterin der Hingabe sein … möchte ich mir selbst und den Menschen um mich herum nahe sein und mitfühlend … möchte ich dankbar sein können für

alles, was mir vom Leben geschenkt wurde. Ich widme mein Leben der Erforschung und dem Tanz des Lebens, der Vereinigung aller Gegensätze, der absoluten Liebe. Dem Alles sein und Nichts.
(Gudula Hoff, 50)

Ich möchte sagen können: Ich habe geliebt, ehrlich, offen und ohne Rückhalt.
(Paul)

Ich habe die Gnade erfahren zu erleben, dass es glücklich macht zu geben.
(Klaus Dressler)

Wenn ich nur noch 20 Min. zu leben hätte, würde ich Gott meine Arbeit übergeben, denn das war zeitlebens meine Antwort auf das Geheimnis Leben. Mir wurde mit 14 Jahren auf einmal klar, wenn ich dem Leben, dem Sonnenstrahl, keine Antwort in Form einer schöpferischen Arbeit gebe, ist mein Leben sinnlos.
(Claudia Antesberger, 45)

Ich glaube, ein gut gelebtes Leben zeigt sich darin, dass wir auf dem Sterbebett sagen können: Ich fühle mit allen Fasern meines Seins, dass ich geliebt werde. Ich fühle die Liebe der Existenz zu mir. Ich fühle die Liebe meiner Eltern zu mir. Ich fühle die Liebe meiner Partnerinnen und Ex-Partnerinnen zu mir. Ich fühle, wie sehr mich die ganze Existenz liebt – unabhängig davon, ob ich es »verdient« habe. Ich glaube, wenn wir dies eine fühlen, dann haben wir ein »gutes Leben« gehabt.
(Klaus Jürgen Becker)

Ich bin stets ein neugieriger Mensch gewesen. Ich habe gespielt, ich hatte Zeit, ich war ein Glückspilz. Ich habe gestaunt, ich habe geliebt, ich hatte Freunde. Ich habe gestritten, ich habe mich verschenkt, ich hatte Visionen, ich hatte Träume, und ich habe sie gelebt, ich habe die Vollkommenheit in allem gesehen. Ich bin im Frieden mit mir, und ich kann heute und hier Ja zu diesem Augenblick sagen. Ich habe wirklich mein Leben gelebt. (Helmut Sasse)

Ich möchte mit Leidenschaft gelebt haben. Meine hartnäckige Bremse gelöst haben. Im Regen getanzt haben. Eine Weile am Meer gelebt haben.

Ich möchte Menschen berührt haben, mit meinem Körper und mit dem Herzen.

Ich möchte meinen Kindern eine tiefe, unerschütterliche Kraft und Liebe mitgegeben haben.

Ich möchte viele Dinge gewagt haben, ohne das Ergebnis zu kennen.

Ich möchte Millionen Lächeln verschenkt haben.

Und – tatsächlich – ich möchte aufgeräumt haben, Klarheit hinterlassen. Dafür sind 20 Minuten echt wenig. Ich glaube, ich fange lieber schon mal an.

Ich möchte den Himmel berührt haben – wie soll das gehen? Ich werde es auf meiner letzten Reise tun. Versprochen. (Kerstin, 44)

Deine Antwort auf die Frage …

Stell dir vor, irgendwann sind die letzten zwanzig Minuten deines Lebens angebrochen, und du schaust noch einmal auf alles zurück. Wie müsstest du gelebt haben? Was müsstest du erfahren, gefunden, realisiert haben, um aus vollstem Herzen sagen zu können: Dies war ein wirklich gut gelebtes Leben![27]

[27] PS: Auf www.seelengevögelt.de findest du noch mehr bewegende Zeugnisse. Außerdem lade ich dich von Herzen ein, auch deine Antwort auf der Webseite zu veröffentlichen.

ABSCHIED?

Du bist nun am Ende dieses Buches angelangt.

Ich werde mich nicht von dir verabschieden.
Denn wohin sollte ich gehen, wo du nicht bist?
Wir sind nie voneinander getrennt gewesen.
Wir sind beide Evolutionsposten derselben schöpferischen Intelligenz.

Wo immer du kämpfst, kämpfe auch ich.
Wo du liebst, liebe ich.
Wenn du still wirst, tauchst du in denselben Ozean der Stille ein, in dem auch mein *Unberührtes* ruht.

Über dieses Buch hast du mir gestattet, dir und deinem Leben für einen Augenblick sehr nah zu kommen. Ich danke dir für dieses Vertrauen.

Unsere Wege verlaufen in Zeit und Raum verschieden. Dennoch gibt es keinen Grund »Lebewohl« zu sagen, denn es gibt wie gesagt diesen einen Ort, an dem wir uns immer, sofort, jetzt und hier begegnen können.

Es ist derselbe Ort,
an dem Urteile und Trennung nicht existieren.

Es ist der Ort, an dem du Stille finden und dich erneuern kannst, wenn du müde bist.

Es ist der Ort, den wir beide kennen und dennoch nicht beschreiben können.

Wenn du hier zur Ruhe kommst, begegnest du mir und ich dir.

Ich danke dir aus tiefstem Herzen für das Lesen dieses
Buches. Erst dein Geist erweckt es zum Leben.
Erst dein Herz verleiht ihm Bedeutung.

Ich habe versucht, das, was meine Seele bewegt, so direkt wie möglich auszudrücken. Dennoch wusste ich von Anfang an, dass ich scheitern würde. Denn das wirklich Wesentliche lässt sich nicht in Worte einfangen.

Ich hoffe, das Leben küsst dich dennoch zwischen den Zeilen und bringt das Wahre in dir zum Schwingen.

Wir sind eins. Deine Essenz lebt in mir und meine in dir.

Im endlosen Kreislauf des Lebens atmest du einfach weiter – ein und aus.

Du erkennst dich.

Du entfaltest dich.

Alles ist – wie es ist.

Genieße deine unbegreifliche Reise
und traue dich, bemerkenswert zu sein!

Du bist schön.

In Liebe und tiefer Achtung
vor dem Wunder deines Lebens,

Veit

Danke

Mein tiefster Dank gilt meiner Frau Andrea. Geliebte, Seelenschwester, Weggefährtin, Herzenskönigin und sexieste Zenmeisterin, die ich mir so nie vorstellen konnte. Das Leben an deiner Seite ist Erwachen, Wunder, Freude, Arbeit, Meditation … na, eben ein Jackpot der Evolution.

Leona, wunderschöne Tochter. Du hast mich lieben gelehrt und machst es immer noch. Seit ich euch beide kenne, habe ich aufgehört, von Engeln zu träumen und begonnen, das Wunder im Menschen zu sehen.

Ich danke meinen Eltern für ihr selbstverständliches und umfangreiches Geben in meinem Leben. Ich bin auf immer über das Mysterium der Geburt mit euch verbunden.

Ich verneige mich in Dankbarkeit vor all den guten, starken Lehrern, die mich so ermutigend an die Hand genommen, mich herausgefordert und den Erfahrungsschatz ihres Lebens so großzügig mit mir geteilt haben.

Ich danke der mittlerweile so großen Life Trust Family. Euch alle hier aufzuzählen würde den Rahmen sprengen. Doch ich hoffe von Herzen, dass du weißt, dass DU gemeint bist. Du bist so wichtig! Für unsere Arbeit und auch für meine ganz persönliche Menschenreise. Du bist mein Lehrer, meine Verpflichtung, meine Inspiration und die ewig frische Quelle meines Staunens.

Ein großes Dankeschön geht an die zahlreichen LeserInnen der ersten Auflage dieses Buches. Nie hätte ich es für möglich gehalten, dass der Funke des Lebens über ein Buch so stark überspringen kann. Eure Briefe und Berichte haben mich zutiefst berührt, ermutigt und sind mir eine große Herausforderung, der Essenz dieses Buches selbst immer wieder neu und frisch gerecht zu sein.

Einen besonderen Dank an all jene Kritiker, die das Buch bei seinem ersten Erscheinen so herzhaft verrissen haben. Das meine ich nicht ironisch. Ihr habt mir geholfen, meine Arbeit zu verbessern und die Wunde des Nichtverstandenwerdens anzunehmen und zu heilen.

Und alles verdanke ich der Gnade.

Inhaltsverzeichnis

PS

Bescheiß dich nicht selbst.
Hör auf, so zu tun,
als wüsstest du nicht,
was gut und richtig für dich ist.
Du musst es deswegen ja noch nicht tun. Doch dann hört endlich das peinliche Versteckspiel auf.
Natur kennt keine Unklarheit.
Unklarheit ist ein tragikomisches Spiel, das von Menschengeist erdacht wurde.
Du weißt immer,
was als Nächstes zu tun ist.
Und du weißt, wie es zu tun ist.
Es geht noch besser.
Fang heute damit an.
Du stirbst.
Beginne zu leben.

Veit Lindau

STARKES ICH.
STARKES WIR.

© Markus Reck

Wie Menschen sich verwirklichen.

www.veitlindau.com